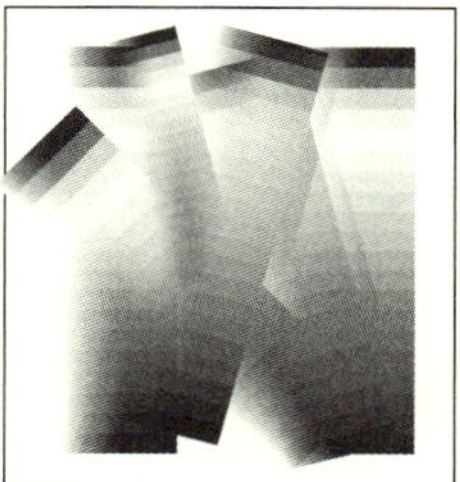

倫理という力

JN276344

前田英樹

講談社現代新書

目次

第一章——してはいけないことがある

この人を怖れよ

考えることが得意でない風に見える人々がいる。たとえばほとんど口をきかず、毎日にこにこと店でトンカツばかり揚げているようなおやじは、そう見えるかもしれない。しかし、このおやじのトンカツが飛びきり美味いとしたら、この人ほどものを考えている人間は少ないかも知れない。とりあえずは、そう仮定しておく必要がある。私たちは、こういう人の存在に実に鈍感になった。鈍感になって、いつもひりひりとした自負心、嫉妬、焦燥、退屈にさいなまれるようになった。誰もかれもが、得体の知れないこの時代にともかくも遅れまいとし、遅れていない外見を作ることに忙しくなった。それで私たちは、一体何を考えているのだろう。

トンカツ屋のおやじは、豚肉の性質について、油の温度やパン粉の付き具合について随分考えているに違いない。いや、この人のトンカツが、こうまで美味いからには、その考えは常人の及ばない驚くべき地点に達している可能性が大いにある。このことを怖れよ。この怖れこそ、大事なものである。こうした怖れを知らぬ者の考え出すことが、やがて人間を滅ぼすだろう、そのことは今、いよいよはっきりしてきているのではないか。

むろん、私は美味いトンカツの重要性について述べているのではない。では、何の重要性について述べているのか。それを簡単に言うことは、どうも大変難しい。けれども、大事なことはみな、このように難しいのである。だから、トンカツ屋のおやじは黙ってトンカツを揚げている。彼は学問を軽んじているのでも、思想を軽蔑しているのでもない。ただ、彼は自分の仕事が出会ういろいろなものの抵抗で、それらの抵抗を克服する工夫で、いつも心をいっぱいに満たしているから、余計なことを考える暇も必要もないのである。こういう男のトンカツが、いつのまにか万人の舌を説得している、このことにこそ人間の大事があると、私は思っているに過ぎない。

ここに中学生の男の子がいるとしよう。この子は、学校の勉強以外、学ぶということを一切したことがない。したがって、トンカツ屋のおやじを怖れるだけの知恵がない。だから、怖れ気もなくこう尋ねる。おじさん、なぜ人を殺してはいけないの？　おやじは、まずこんな質問には耳を貸さないだろう。邪魔だから、あっちに行っていろと言うだけだろう。それでおしまいである。何の騒ぎも起こらない。この子が中学を出て、高校などには行かず、トンカツ屋のおやじのところに見習いに入ったとしよう。そこで、同じ質問をする。お前は見込みがないから、ほかで仕事を探せと言われるだろう。しかし、このおやじがもっと親切なら、見習い坊主は張り倒される。それでおしまいである。

怖れのないところに、学ぶという行為は成り立たない。遊びながら楽しく学ぶやり方は、元来幼稚園の発明だが、今の日本の学校は、それが大学まで普及し尽くしてしまった。日本だけではなかろう。二十歳過ぎてもまだ遊んでいられる人間が数えきれずいる国では、やがてそういうことになる。遊ぶことと学ぶこととが、どう違うのかわからない。子供たちは何も怖くないから、勝手に教室を歩き回るようになる。

怖れることができるには、自分より桁外れに大きなものを察知する知恵がいる。ところが、この桁外れに大きなものは、桁が外れているが故に、寝そべっている人間の眼には見えにくい。見習い坊主もまた、パン粉を付けてみるしかない。それは、初めちっとも面白い仕事ではないだろう。怖れる知恵がまだ育っていない者に、心底面白い仕事などあるわけがない。だが、知恵は育つのだ。豚肉やパン粉があり、怖いおやじがいる限りは。

理屈は人を救わない

もう、だいぶ以前のことになったが、なぜ人を殺してはいけないの？　という中学生の質問を、ある文芸雑誌が大特集で取り上げていた。質問は、神戸の少年殺人事件を扱ったテレビ番組のなかで、ひょいと出たそうである。そこに居合わせた賢そうなインテリが、誰も質問に答えられず、番組は唐突に終わった。そのことが、衝撃を与えたというのだ。私はテレビは見なかったけれど、送られてきた雑誌は読んだ。それに関連して出たいくつかの単行本にも眼を通した。我ながら、物好きな話である。

こういうことを、肩いからせて話題にしたがる者は、インテリしかいない。したがって雑誌特集は、インテリがインテリ向けに個性的見識を競い合うという、いっそう喜劇的な外観を呈した。版元はこれで儲かり、誰も迷惑は蒙っていないのだから、むろん私が文句を言う筋合いのものではない。川で溺れる子供を助けようと、泳ぎ自慢の男衆がたくさん飛び込んだ。でも、彼らはそれぞれの泳ぎの型で野次馬から喝采を浴びるのに熱中し、当の子供は見失った。そういう話が、太宰治の『ロマネスク』という小説にあったが、溺れている子はいないという点で、この話と雑誌特集とは違っていた。

実は私も中学生の頃、同じ質問をして大人を困らせた。頭のぼんやりした子がニーチェだのドストエフスキーだのを読みかじればそういうことになる、大変わかりやすい見本であった。職員室に呼び出されて、しみじみ説教されたこともある。恐縮なことである。テレビに出ていた子がどんな子かは知らぬが、私がこの騒ぎにわずかながら興味を抱いたのは、そうしたごく私的な恐縮な想い出による。こんな質問をする子供に驚く必要は少しもない。ジャーナリズムが驚いたふりをするのは、商売上の立場からであろう。

雑誌特集には、予想されるあらゆる意見が出揃っていた。もちろん倫理学の公式を持ち出すものがあった。人はどんどん殺してよいという意見もあった。質問自体の論理的矛盾を突くものもあった。自分が殺されたくないなら殺すなという意見もあった。それこそ文学の大問題で、簡単には答えられぬという意見もあった。何やら意味不明の回答もいろいろあった。私が呆れたのは、ここに並んだ意見の例外なしの理屈っぽさである。泳ぎ自慢がそれぞれ得意の型を披露してくれる。みな自分は個性的で鋭利なつもりだが、理屈を言い募ることに個性などはない。その時々のわかりきった立場があるばかりだ。

誰もが食いたいのは美味いトンカツであって、個性的なトンカツなんぞではない。トンカツ屋のおやじを怖れるに足る人物にするのは、いかにして美味いトンカツを安く食わせるかという、この現実問題にほかならない。こうした問題への現実の回答だけが、人を否応なく個性的にする。「変わり者」のこのおやじにしてみれば、自分の個性など、なければないに越したことはなかったのである。そのほうが、町内会とも揉めずにすんだ。しかし、そういう風にはいかなかった。物書きが取りつくろう見栄など、この男のなかには入り込む余地がない。

その雑誌特集から、もう何年も経った。その間に、さしたる理由もなく人を殺す子供が日本のあちこちに出てきた。マスコミが、彼らを集中して取り上げた。何とかして、彼らの言い分なるものを引き出そうとした。引き出されたその言い分の理屈っぽさにも、私は呆れ返った。彼らが文芸雑誌の特集号を読んでいないことは確かだが、彼らもまたそれぞれに自分の理屈が個性的な何かだと思っているようである。実際に殺せば、その理屈にマスコミが飛びつく。飛びつく限り、殺す子供は出てくるだろう。いつでも、人間はそれほどのものだということを忘れまい。一握りの子供の虚栄心を種にして、ありもしない社会問題や思想問題がでっち上げられる。

こういう騒ぎで一体誰が得をするのか、私は知らない。はっきりしていることは、理屈は誰も救わない、決して誰をも賢明にしないということだ。

何が〈禁じる〉のか

言うまでもなく、人が人を殺す理由はさまざまである。それらの理由とは、行為の内容そのもののことなのだから、ひと言で「殺す」と言っても、起こっていることは千差万別であろう。まるで性質の違う事件を同じ〈現象〉として括りたがるのは、マスコミだけではない、面白半分の傍観者とはみなそういうものである。反対に近代小説は、そうした性質の違いに事細かに降りていくことを特技とした。そこには、確かに正真の思想問題が作り出されていたこともあった。

しかし、ここでそんなことを言っても始まらない。現実に、理由もわからぬまま暴れ出す子供がおり、人を殺すとなぜいけないのか、単純にわからない子供があちこちにいる。

こういう子供たちは、実はだいぶ前からいたわけであり、したがって彼らはもう大人になって世の中にいる。大して利口にもならず、世の中を歩き回っている。そういう大人が、ふとしたはずみで仕出かす奇怪な犯罪にも、マスコミは事欠かなくなった。これはいけないと多くの人が感じている。家庭の悩みとして、ともかく何とかしなくてはならなくなっている人がいる。では、どうするのか。

一般的には、どうしようもないであろう。そう考えて、まず気楽になったほうがよい。解決しようにも、ここには問題の明確な姿というものがない。問題がないにもかかわらず、もっともらしい理屈で何かを言う、そうやって社会の病根や誰かれの責任を云々したりする、そういうことはみな無駄なのであり、それこそが社会の病気である。

怖いトンカツ屋のおやじには、はっきりとした問題があり、日々更新されていく回答がある。このおやじの前で馬鹿な質問をする子供は、ほんとうにはいないだろう。質問は相手を見て為される。なぜ人を殺してはいけないかと、テレビのなかで質問した子供には、その質問にぴったりの相手がそこにいた、そう考えるのが妥当であろう。質問そのものが、どんなに一人歩きしようと、事の本質はそこにある。

美味いトンカツを安く食わせるという回答は、社会のなかでだけ成り立つ。だから、トンカツ屋のおやじは世間を尊重し、それと戦うのである。この社会には、さまざまな禁止が、〈してはいけないこと〉がある。禁じるものは、法律ではない。たとえば刑法は、社会でのさまざまな禁止を国家が刑罰によって保持させるためにある。禁止は法律以前にあり、禁止を必要とする社会は国家以前にある。人を殺してはいけないのは、刑法があるからではない。殺人の禁止を必要とするような社会に、私たちが生きているからである。美味いトンカツが食えるのは、この社会のおかげであり、インテリが聞いた風な口をきいて生きていけるのも、間違いなくこの社会のおかげであろう。

そんなことは、当たり前だと人は言うだろうか。ところがそうではない。社会を国家と混同し、禁止を法律と混同した理屈は驚くほど多い。だから、この禁止をなぜ守るのか、といった観念的な、埒《らち》もない話になる。私たちの社会で、殺人を禁じているものは、法律でも国家でも、また社会そのものでさえない。この社会を、そうしたさまざまな禁止によって生んでいる何かである。私たちは、まさしくこの社会のなかでだけ個々人であることができる。仕事をし、考え、争い、自分であることができる。こっそりとであれ、公然とであれ、禁止を破ることは、まずそういう〈自分〉が御破算になることである。犯した犯罪を隠している者の苦しみも孤独感も、そこから来ている。

殺人の禁止によって、この社会を生んでいる何かが在る。社会よりもずっと大きい何かが在る。それが何なのかを考え詰めることは難しい。けれども、それが在ることに気付かない者は、ほんとうにはいないのだ。この気付きは、ほとんど感情に等しい。そしてそれが単なる感情に過ぎないと思い上がった時、人はとんでもなく誤るのである。

道徳はどこから来るか

なぜ道徳があるかを説明する哲学者流のやり方は、昔からいろいろあった。しかし、その根本は、道徳が結局人間のためになる、得になる、という点で一致しているだろう。

動物に道徳はない。少なくとも厳密な意味ではない。たとえば、蟻の集団が道徳なしにあれほど整然としていられるのは、その集団が、あたかもひとつの生き物のように、ひとつの本能を持っているためである。利己主義者の蟻というようなものは、利己主義者の細胞と同じく考えることができない。こうした集団の絆は、生物の本能が知性に席を譲るほど弱まっていくように思われる。猿山の猿は、知性いっぱいで、ずいぶん手ひどく喧嘩する。知性は、本来群れではなく個体が生き延びる能力なのだろう。したがって、知的な動物にはすべて利己主義者の芽がある。

知性も人間くらい発達すると、本能などほとんど出番がなくなる。利己主義者であることは、人間という途方もない知性動物の輝かしい特徴である。しかし、この奇妙にずる賢い脊椎動物でさえ、群れなしには決して生きられないように出来ている。彼を利己主義者にしたのも、群れの一員に縛りつけておいたのも同じ自然である。自然が私たちに課したこのどうにもならない矛盾から、道徳は生まれた、取りあえずは、そう言うことができる。本能化された生命のプログラムと違い、道徳はまことにたやすく破ることができる。時々は破らなければ笑われるくらい、そのことはたやすい。なぜなら、道徳を作ったものは、道徳に反抗する当の知性だからである。

こう考えると、道徳は人間の群れが自己を防衛、保存するための知性の策略のように見える。しかし、何から群れを防衛するのか。他の群れからではない、利己主義的な知性の攻撃、いつ起こるか知れない攻撃からである。そんなわけで、道徳は共同体の自己防衛に役立つ。あれこれの道徳律は、共同体を維持する掟、規範だということになる。多くの哲学者はそう考えた。別の考え方もある。道徳律は確かに結果として共同体を維持するけれど、そのこと自体は道徳律の目的でも基準でもない。目的は個々人の幸福にあり、それも「最大多数の最大幸福」を目指すことにある。十九世紀イギリスで流行った「功利主義」の倫理学ではそう教えた。

いずれにせよ、道徳は人間のためになるのだ、皆でせいぜいこれを守ろうではないかというわけである。こういう説明のせちがらさは、誰しもが感じざるを得ない。とりわけ、日々の暮らしにあくせくし、それでもまっとうに生活している人間には、そう見える。第

一、自分が道徳を守って受け取る配当は、これではあんまり少ないではないか。だが、心配には及ぶまい。倫理学の教説を生活の励みにしているような人は、まずいない。生活者の励みはもっと別なところにあり、彼が道徳に従うわけも、倫理学が説くところとはどこかもっと別なところにある。そう感じずにはいられない。

道徳は共同体を防衛する一種の虚構だとしてみよう。その〈共同体〉はどこにあるのか。国家はそのひとつたり得るが、それ以上ではない。道徳を必要とする共同体は、なかば閉じ、なかば開かれたままで至る所にある。それは、ある時は民族や言語圏や経済機構のように国家をはみ出す広さで複雑に分布し、ある時は会社とか家族とかたった二人の政党とか、そんなものにまで縮むだろう。無数の共同体が互いに無数の交わり方を持ち、無数の度合で閉じたり開いたりしている。これら無数の共同体に対して、無数の道徳が考え出されるわけではない。何か平均的な、出来のいい道徳が採用されるわけでもない。

ほんとうのところは、おそらくこうだろう。人間は群れや集団が作られるところにしか作られはしない。個人は無数の共同体の錯綜のなかにしか成立してはいない。道徳は、その錯綜の全体に対してあらかじめ在る。その道徳は、人間を群れとして生み出す最初の形式だと言ってもよい。あらゆる共同体は、言わばこの潜在的な道徳の形式を元にして、自分を守るのに適した道徳をおのずと作る。道徳に関する私たちの感情は、たいていの場合はこの根っこにある潜在的道徳に届いている。いや、そこから吸い上げられるようにして登って来るのである。

道徳には根がある

人が道徳を守るのは、自分が所属する共同体を維持するためではない。「最大多数の最大幸福」というけちな分け前にあずかるためでもない。人は、ただ端的に道徳を守りたいのである。あるいは、倫理的でありたい、という感情を実は持っている。人間の知性が、個体の行動、生存のために与えられている能力だとすれば、この利己的な能力をほんとうに補いうるものは、共同体の単なる虚構としての道徳ではあり得ないだろう。

道徳が反自然的なものだとは、よく言われるところである。この考え方は、いろいろな面で正しい。道徳は、廃棄物になりかかった人間の本能を頑固に抑えつける。知性の利己主義に不器用に抵抗する。道徳は、共同体の文化のなかで表現を持ち、その表現は、たいてい陳腐で、不合理で、排他的である。けれども、そうした道徳に従おうとする私たちの感情のなかには、よく注意してみれば、それらの道徳をはるかに超えた何かひとつのものが存在する。それをさえ道徳と呼ぶのなら、呼んでもよい。その唯一の潜在的道徳は、〈自然〉のなかにそれ固有の根を持っていることになる。

知性の発達した脊椎動物は、その発達度に応じて利己主義を発揮する。それは、自然の命令だと言える。そうした動物が群れを保って生きていけるのは、知性を補う本能のおかげに違いない。本能が作り出す群れは大変排他的だが、その分だけ安定しており、群れ同士で大した争いを引き起こすこともない。動物の世界に、組織的な戦争というものは起こりようがない。人間の知性がもたらす利己主義の力は、本能の残りかすが効かせるブレーキではどうにもならないほど強い。そうした人間もまた、その群れと共にしか生み出されないのだとすれば、この群れは、知性でも本能でもない何かによって成り立っていなくてはならない。それを、私は潜在的道徳と言っている。

この潜在的道徳は、これだけではまだどんな言葉も掟も持ってはいない。それは私たちの感情に根を伸ばす強いひとつの力のようなものだ。この無言の力に押し上げられるのでなかったら、人間の利己的な知性は、共同体の道徳をさまざまな言葉で作り出すことはできなかっただろう。

言葉にされている共同体の道徳は、唯一ではないが、また共同体の数だけあるわけでもない。ひと頃流行した構造主義の考えでは、あらゆる道徳は恣意的な文化のコードあるいはシステムによって決まる。このシステムはそれを共有する共同体の数だけあり、したがって道徳もその数だけあることになるだろう。それらの道徳は、互いに何の共通性もなく、閉じられた規則の体系として、それぞれに機能しているだけだということになる。

けれども、実際には、人間の共同体は数えることのできない複雑な分布で成り立っており、道徳の違いはそれよりはるかに単純な形で現われてくる。共同体の道徳は、ただそこで取り決められる規則として、スポーツのルールみたいにあるのではない。さまざまな共同体が言葉で道徳を表わすその根底には、何かしら共通の力がある。その力は、無数の共同体の言葉に分化して性質を変え、方向を変え、限りなく弱められていく。けれども、そこに共通の根があること、その根から吸い上げられる共通の力が、力への感情があること、これを見失ってはならないだろう。

殺人の禁止を必要とする無数の共同体が、他の共同体との間では終わりのない殺し合いをする。群れ同士の殺し合いを停止させる本能というものが、人間ではもうなくなっている。共同体が言葉にするあれこれの道徳には、共同体を超えて殺し合いを止めさせるだけの力はない。権能もない。それは誰でも知っている。だからと言って、この道徳が単なる虚構であることにはならない。私たち人間は、道徳律を破る快楽によってと同じく、倫理的でありたいという欲求で身を滅ぼすこともある。それはなぜかを考えてみればよい。

電車で席を譲るのはなぜか

私は子供の頃、奈良市に住んでいて、そこで剣道の町道場に通っていたことがある。道場主は、標準よりずっと短い竹刀を持ち、とても独特な剣道をする人で、私は立派な先生だと思っていた。この先生に連れられて子供たちが遠征試合に行くことがある。電車に乗る時、先生は私たちにまず一番最後に乗り込むように言い、立っている人が一人もいなくなるまで座るなと言った。

私たち子供は、その言いつけを守ることに無邪気に奮い立った。なぜなら、私たちは先生の考え方をちゃんと知っていたからだ。先生の考えはこうである。お前たち剣道をする者は、しない者より強い。強いと無理にも思い込まねばならん。剣道をして強くなったということは、しない者に対する責任がたちまち生じたということだ。電車では最後に座る者となって、その責任を負え。こういう教えに男の子たちがどれくらい発奮するものか、今の大人はもう忘れているのではないか。

むろん、私たち子供が習い覚えた剣道など何事でもない。この先生の発明で偉いところは、無理にも強いと思い込め、というところだろう。これは単に強い者の考え方ではない。責任を負うことを選ぼうとする者の考え方である。道場の外に出れば剣道をしない他人がうようよいる。その他人に対して責任を負おうとすることが、剣道で「強い」ことだ。そういう考え方なのである。剣道は口実に過ぎない。人間はさまざまな口実で、無理にも強いと思い込むことができる。弱いと知りつつ、思い込み、席を譲ることができる。そういう人間はすでに強く、その強さは倫理的である。

私たち子供は、こうした教えに発奮した。発奮するように生まれついていたのだろう。だが私たちは、決して特殊な性質を持っていたわけではない。否応なく群れのなかに生まれ落ちた大部分の人間が、胚珠のように包み持っている性質を持っていたに過ぎない。共同体の道徳といえども、この胚珠が〈潜在的道徳〉から吸い上げる力なくしては、決してほんとうには働かない。

お年寄りに席を譲りましょう、体の不自由な人を思いやりましょう、いたわりの心が大切です。こういう押付けの標語では、子供は恥ずかしくて席を立てない。譲られたほうも座る気がしない。剣道の先生の言いつけで私たちが座らなかったのは、私たちにはそのことから来る強い喜びがあったからだ。倫理の胚珠を揺さぶる道徳の言葉が、そこではっきりと語られていたからだ。

始発駅に電車が入ってきて、やがてドアが開くと、並んでいた客たちは目の色変えて座席になだれ込む。自分さえ座れれば、他人のことはどうでもよい、それはある意味で当然だろう。客たちの振る舞いは、見ているとなかなかに素早く、賢い。乗車に関する過去のいろいろなデータが抜け目なく活用され、現状に正確に当てはめられている。個々の知性というものが本領を発揮するのは、こういう時である。彼らはその一瞬前まではホームでちゃんと並んでいた。だがこれもまた、並ばないことは結局自分の得にならないと知っていたからだろう。

ホームで並ぶというルールは、共同体の道徳から来ている。この道徳を、口で言ったり守ったりさせるものは、知性だと言える。共同体が破綻することの個人にとっての危険も、普通の知性はよく知っている。だから、私たちはホームで行儀よく並ぶ。ドアが開くまでは、我慢して並ぶのである。この場合、道徳は、知性が知性にかけるブレーキにほかならない。これと同じ理由で、若者が老人に席を譲らなくてはならないのだとしたら、どうだろう。若者の知性は、しっかり見積もるに違いない。これで得をするのは、あんまり先の話だと。そこで狸寝入りになる。誰も彼を責められない。

電車で席を譲ることは、ホームで並ぶこととは違う。席を譲ることには、共同体に道徳をもたらす元の力から、私たち一人一人がほんのわずかでも鼓舞されなければならない。その力は、言葉になったあれこれのルールとはほとんど関係がない。したがって、具体的には何も指示しないし、強制しない。それでも、私たちはその力に鼓舞されて席を譲る。

不思議にも譲る。その時の喜びを、まったく知らない者がいるだろうか。

倫理の原液

共同体に道徳をもたらす元の力には、まだ言葉がない。この力は、それぞれの共同体を超えた唯一のものである。が、人間には共同体が要る、というその事実から離れては存在していない。この力は潜在的ではあっても、抽象的ではない。抽象的な、ただ学問上考えられるだけの道徳、というようなものは実際にはないだろう。あっても、そんなものは誰も意に介さないだろう。

言葉のない何かしらの力に引っ張られ、鼓舞されて、人は電車で席を譲る。ここで三列にお並び下さいという標示に従ってホームで並ぶのとは、それは明らかに違う。なるほど、電車でお年寄りに席を譲りましょう、とはよく聞くセリフだが、私たちはそのセリフに従って譲るのではない。そんなことは、恥ずかしくてできない。ほんとうは、譲るという行為自体はどうでもいいのである。相手が内心それを有難がっているかどうか、そもそも定かではない。にもかかわらず、私たちは突然倫理的に振る舞いたくなり、振る舞ってしまう。その行ないが、倫理的たりうるかどうか、しかとはわからなくても。つまり、この欲求は、共同体のあれこれの道徳律とは関わりなく起こる。

欲求は、その出口を見出すようにして、突然何かの振る舞いに到る。そう言ってもよい。ゴッホは、絵かきになる前に、牧師の世界から追放されてきた人である。追放の理由は、常軌を逸した彼の献身ぶりにあった。炭鉱に赴き、説教は何ひとつせず、貧しい炭坑夫たちに自分の衣服も食べ物も寝る所さえも与えて半死半生になった。教会組織が、そういう危険人物を牧師として許しておくはずがない。ゴッホを駆り立てたものは、教会でも聖書でもなかった。それはひとつの強い、極度に激しい欲求であり、彼はその欲求の出口を探して驀進《ばくしん》しただけである。

ゴッホのしたことは、教会という共同体にとっても、炭鉱という共同体にとっても迷惑この上ないことだった。彼にもそんなことはわかっていたに違いない。しかし、彼は言いたかっただろう。私は、ただただ貧しい人たちのためになりたかっただけだと。そのために、彼ら以上に貧しくなろうとした。「最大多数の最大幸福」どころの段ではない。こういう欲求が人間の歴史のなかには時たま存在し、そこから起こる振る舞いが共同体の道徳をすっかり混乱させる。

このことは、ゴッホという一人の変人のエピソードではない。確かにゴッホは変わり者だが、彼がところかまわず爆発させた欲求は、群れのなかに生まれ落ちた人間という知性動物の倫理の原液でできている。この原液は一種の力であり、個人のなかに圧縮させれば、恐ろしい勢いで爆発する。

さまざまな共同体のなかに分化して、言葉になり、掟になり、習俗になった道徳を笑うことは、子供の知性にもできる。だが、それにもかかわらず、これらの道徳には知性を超えたひとつの共通の根がある。その根から登ってくる倫理の原液が、原液のままで、ほんのわずかでも個々の感情のなかに入り込めば、それは猛毒のように荒れ狂い、個々人を殺すことさえもある。普通には、私たちのなかで、原液は限りなく薄められている。薄められた原液が、共同体の干からびた道徳の隙間に入り込んでいき、少しだけその道徳を潤わせる。

道徳は善悪の問題ではない

自然の世界には善悪というものはない。ただ、自然が作り出す変化の秩序があるばかりだ。悪い象も善いカバもいない。善悪が生まれるのは、人間が作る社会のなかだけである。自然のなかにはない現実社会のいろいろな機能が、善と悪との領域を、複雑に入り組んだ状態で、まったく非生物的に生み出してしまう。善悪を決めるのは、共同体の道徳ではないだろう。道徳は善悪の判断に用いられるけれども、二つの領域を生み出しはしない。

悪は、むしろ個々人が気付かないところで、社会の機能が着々と準備し、生産しているある抽象的な関係のようなものだろう。私たち誰もがそこに巻き込まれ、善人にも悪人にもなる可能性を持っている。たとえば殺人や性行為が、ある時には悪になり、ある時にはそうでないのは、そのためである。道徳は、たとえそれが共同体の慣習のなかでいかに干からびたルールになっていようと、こうした関係とは別の根を持っている。

殺人の例で考えてみよう。歴史上、一種の大量殺人によって偉人の地位を得た人物は大変多い。なぜ、彼らは悪人とは正反対の評価を受けるのか。歴史のなかで社会が生み出す悪の領域、あるいは関係に、彼らの殺人は捉え込まれなかったからである。もちろん、歴史を通して、この領域はしばしばあっけなく変化する。歴史上のある時期に偉人とみなされた人物が、別の時期には極悪人の扱いを受ける。その逆もある。

けれども、道徳が殺人を禁止するのは、こうしたこととはほとんど関わりがない。社会のためだと言って大量殺人に走る人間を、道徳は決して認めないだろう。この道徳は、確かに個々の知性が持つ利己主義から共同体の絆を守るのに役立つ。だが、その共同体の繁栄のために、と言って行なわれる殺人を、道徳が受け容れることはないだろう。私たちにそれを受け容れさせるのは、別のものである。歴史のなかで、その時その時に成立する別の機能であり、別の必要性である。

このことは、共同体の道徳が示す外見からは見えにくい。国を挙げて戦争している時に、その国の道徳が説くことは、進んで敵を殺すことであるかのように見える。しかし、それは、注意してみれば道徳が説いていることではない。道徳と混じり合ってその外見をまとった別の機能である。この機能もまた、国家という共同体のひとつを防衛するだろう。だが、それは道徳のやり方によってではない。敵は悪であり、悪であるが故に討つべし、といったことを道徳は述べない。もともと述べる機能を持っていないのである。

さまざまな共同体に分化した道徳は、自然のなかにひとつの共通の根を持っている。その根は、知性でも本能でもない何かでできていて、その力は私たちの感情のなかに樹液のごとく吸い上げられてくる。そのことは、私たちの生存の形と切り離しがたい生理のようにしてある。道徳は、殺人が悪だからと言って禁じることも、善だからと言って奨めることも決してしない。このことを見誤ってはならないだろう。見誤ればどうなるか。善悪の基準は曖昧だ、相対的だ、歴史的だといった風なわかりきった理由で、共同体の道徳の何もかもが古着でも捨てるように、棄てられてしまうのである。

知性による分析を専らとする倫理学は、いきおい道徳を善悪の区別に関わる問題として扱う。するとこの区別は、共同体の利益だの「最大多数の最大幸福」だのの観念に従って立てられるしかなくなる。こういう利益や幸福を真面目くさって守っていこうとする人間は、社会のなかでよほど恵まれた立場の人間であろうから、倫理学はそんな人々のもっともらしい学説にとどまってしまう。

実際には、道徳の問題は純粋に突き詰めるほど、知性は言葉を失う。また失うところまで、知性は正確に進んでいかなくてはならない。共同体に道徳を分化させる元の力は、ただひとつのものである。この力は、知性でも本能でもない言わば第三の能力だが、人間はこの能力をじかに使い切るにはほど遠いところで生きている。共同体の道徳に分化し、ぎりぎりまで薄められたそれだけを、私たちは用いることができる。だが、この力の一切を原液のままで吸い上げ、使ってみせる人間が、極めてまれに私たちの間に生まれてくる。イエスや仏陀は、もちろんそうした種類の人間である。

黙っている道徳

倫理の原液は、強いひとつの力であるが、それ自体は沈黙して言葉を持たない。言葉を持つのは、共同体の道徳である。共同体の絆が、どんな理由であれ緊密であれば、その道徳は雄弁にみずからを語って、どんな嘲笑も受けないだろう。絆が緩み、知性が利己主義の本領を華々しく発揮している共同体では、道徳はむしろ暗黙の了解事項となり、了解の範囲はじりじりと狭められる。けれども、ここで道徳が黙っているのは、それが言葉を持たないからではない。語れば知性の反撃を誘い出し、かえって共同体を危機に陥れるからである。

黙り込んでいるからといって、事態が好転するわけではない。ただ、口に出して道徳の無根拠や支離滅裂やみじめな打算があからさまになるよりはましであろうと、多くの人たちは考える。現実の共同体から恩恵を蒙ることが大きいと感じている大人たちほど、何とはなしにそう考えるだろう。道徳が頼る暗黙の了解範囲は、こうしていよいよ狭められていくことになる。なぜ人を殺してはいけないの？　という例の中学生の質問は、狭められていく暗黙の了解事項のほぼ最後の項目に当たっている。そんなことは、実に誰でも知っている。

ここでもなお尻尾を出すまいとする利口な大人は、道徳を持ち出すことなく質問に応じようとする。答えにもならぬ理屈で応じようと試みる。質問も、答えも、すべては冗談のようなものだ。それでもよい。殺人は国家の刑法が罰するのだから、これから人を殺そうとする人間を説得して改心させる羽目に、私たちが陥る確率は大変少ない。殺人は犯罪で、犯罪は法律が罰してくれる。犯罪でなければ、どうなのか。たとえば、性行為に関する道徳をあからさまに口にすることは、今の日本ではむずかしい。だから、性病の害でも訴えるしかない。未成年に乱脈な性行為をやめなさいと大人が言うのは、今や道徳上の理由からではなく、健康上の理由からになっている。

こんな具合に、共同体の道徳が黙ってしまえば、従来それが「してはいけない」と言っていたいろいろなことは、それ以外のまちまちの理由によって、「いけない」と言われるようになる。けれども、ほんとうは、それらのことを禁じているのは黙っている道徳である。口に出せば笑われ、知性の反撃を誘い出すような道徳が禁じている。これは、旧い因習に拘束されるということとは違う。依然として、道徳の必要が人間の共同体にはある、ということなのだ。道徳が根も葉もない取り決めではなく、人間という知性動物が群れのなかに生きる根拠に繋がっている何ものかだとすれば、共同体は道徳を棄てては事実上成り立っていかない。

法律が罰しようと罰しまいと、「してはいけない」と思い定めるべきことが人間にはある。それは、私たち一人一人が、そもそも他の人間たちとの間にしか生まれてはこない生存の形をしていることに因る。他人によってこそ自分が在るのなら、その自分なるものは「してはいけないこと」の限界の内でこそ生きるはずである。

和辻哲郎は倫理学を始めるに当たって、「人間」を表わす言葉の世界史的な考察から始めている。和辻によれば、「人間」の概念はさまざまな変奏を生みながら、どの場所においても「世の中自身であるとともにまた世の中における人である」という二重性を失ったことはない。つまり、その二重性とはこういうことだ。人の眼を気にするのは、世間を恐れるためだが、こういう世間は、あちこちにいて何を考えているかわからない個々の人間である。個々の人間以外に、私たちが経験する世間はない。だが、個々の人間は、そのまま彼らを貫く世間でなければ、恐れるに足る人眼を持つことはないだろう。人間と世間とは二つでありながら、実は完全にひとつでしかない。このことは、単なる語義学、文献学によって証明できると言うのである。この概念は、人間の自己把握の歴史を示すだけではない。言葉と共に人間が造った存在構造そのものなのだ。和辻はそう考える。

〈個人〉と〈諸個人の間〉とは、同時にしか出現しない。人間と人の世とは、ほとんど同じ意味の事象としてしか現われてこない。もし、そういうことだとすれば、まず知性の利己主義があって後、共同体の道徳がそれを抑制する、と言うのは、正確な言い方ではないだろう。人間の知性は、その発生時から倫理との協力や葛藤を本性にしている、と言うべきではないか。

禁止の声

「してはいけないこと」のそれぞれの内容は、もちろん共同体によっても時代によっても変わる。それは、善と悪との領域を生み出す社会の機能が多様であり、変化するものだからである。共同体が持つ個々の道徳律は、そうした機能と一体を成して作られる。けれども、「してはいけないこと」が人間にある、という事実そのものは変わらない。そしてその事実がある理由は、疑いなく普遍的なものだと言える。

これも和辻が言っていることだが、首狩り族にとっても「殺人」は倫理への最大の違反である。ただ、彼らの作る部族集団の特性が、部族外のすべての人間の首を討ち取って手柄とさせるに過ぎない。また、婚姻外性交を認めるどんな集団にも、婚姻相手への裏切りとしての「姦淫」がある。ある種の略奪を認めるどんな集団にも、物を私する「盗み」がある。異なるのは、「人間の歴史的社会的な存在様式」であって、「倫理についての把捉の仕方」ではない。

殺人、姦淫、盗みは、いかなる共同体であっても、まず倫理として「してはいけないこと」になる。ならざるを得ない。それは、「人間」が成立するところには必ず在る「動的な人間関係の理法」であるほかないだろう。その「理法」が、「絶えず新しく歴史的に実現」される、「一定の風土に根をおろした特定の社会として実現」され続けていく、それが和辻の考え方である。

倫理の普遍性に疑いを持つなという和辻の主張は、まったく正しい。ただ私たちが、彼の考えにいささか異論を挟むとすれば、その普遍的な倫理は、殺人、姦淫、盗みを規定するような、ひとつの「動的な人間関係の理法」として在るのではないということである。

そういった「理法」は、在るというよりは、むしろ図式として働くものだろう。では、図式を働かせる力はどこから来るのか。どこに在るのか。さっき私たちが潜在的な倫理の原液と呼んだものこそ、こうした力にほかならない。図式は、この力が特定の共同体のなかで自己を実現し、展開しようとする時、この力の内部に作り出される。

殺人、姦淫、盗みを「してはいけないこと」にする図式は、図式が直面する現実世界の抵抗によって多様化する。しかし、そうした図式を多様な形で作り出し、作動させる元の力は、唯一のものである。和辻の言う「理法」は、これら二つのものの混合から来る観念のように思われる。共同体のなかに現実化しようとする力の内部には、図式が生まれる。けれども、図式は力そのものではない。

私たちは、この力の存在を知っている。それは、社会から加わる圧力といったようなものではない。それは、人間という知性動物が生きる形の内側からもたらされる。それが働くところでだけ、人間は生きていられる。本能でもない、知性でもないこの力は、私たちに何も指示しない。ただ、私たちのあれこれの行ないに対して、同じただひとつの禁止の声をさまざまな抑揚で、強さで響かせる。それを言葉にし、道徳律にし、干からびた規範、矛盾した掟、抑圧する因習に変えていくのは、私たちのほうである。殺すなかれ、犯すなかれ、盗むなかれ、という言葉は、すでに多様な共同体のものである。

こうした言葉に人を服従させるものは、なるほど社会の圧力だろう。しかし、これらの言葉に知性がどんなに反抗し、そこから逃走しようとしても、禁止の声は依然として内側から響く。この声に背いて何かをすることは、知性動物としての自分を、何かとてつもなく無意味なものに感じさせる。恐ろしい空虚に包まれる。こういう時、知性は空転しながら、どこかに転落する自分を感じる。暴虐者に付きものの余計な暗鬱や空騒ぎは、そこから来ている。

反対に、禁止の声に、その抑揚によく耳を傾けてみる、その声が、ただ禁じるだけでなく、禁止によって、どこへ向かえと呼びかけているかに耳を澄ましてみる。その時、私たちは他人の間で自分が何をするべきかがわかる。何をすることが、知性の喜びであるかもわかる。それは、言葉によってではない。私たちをある行為に進んで赴かせる黙した力によってである。それがどんな行為なのかは、誰でも知っているはずなのだ。愚かな思惑が、強いて隠し立てさえしなければ。

第二章——〈人様〉という考え方は重要である

傍若無人

人は、ロビンソン・クルーソーのように無人島で一人ぼっちで暮らしていても社会のなかにいる。まず、彼には習得した言語があり、言葉による記憶がある。これから逃れて、彼は一日も生きられない。眠って夢を見てさえ、言語のなかにいる。彼はいつも何かしらを考える。その考えが自分に分かるには、他人に分かる言葉で考えなくてはならない。自分が話すところを、自分が聞く。二人の〈自分〉の間にあるこの間隙、距離は、すでにひとつの人間関係で占められている。批判したり、嘘をついたり、機嫌をとったり、言いくるめたりする相手は、すでに自分のなかにいる。こういう動物は、人間だけだろう。

言語を持った人間は、絶えず自分を説得するという重荷を負わされている。こっそり万引きした人は、万引きしたことで自分を説得する。どんなに無邪気な者でも、それはやっている。汚職した政治家は、そのことで自分の機嫌をうまく取らなければ、ああ偉そうにはしていられまい。動物は、こんなことをしなくてよい。獲物を横取りするハイエナは、ただ横取りするだけであって、彼の意識は、その時々にする行為への注意だけでいっぱいになっているだろう。怒る時は、彼のすべてが怒っている。寛いで寝そべっている時は、そのすべてが寛いで寝そべっている。ハイエナが怒るのではなく、その怒りが全部ハイエナになって爆発しているように見える。

こういう無駄のなさには、何か私たちを惚れ惚れさせるものがある。私たちが怒る時は、怒っている自分をけしかけたり、なだめたり、恥じたりしているいろいろな自分がいて、私たちは複雑たらざるをえない。我を忘れて、というのは、ただそういう言葉であって、よくよく思い返せばそんな事実はめったにありそうにない。人間は自分自身と何らかの関係を結ばずには、片時もいられないもののようである。この関係が、また他の関係(つまり他人)と関係を結ぶ。言葉によって、あるいはいろいろな記号や貨幣によって。こうして出来上がる複雑さは、わかってはいても常に想像を絶する。

この意味では、動物の群れには、ほとんど関係というものはないとも言える。彼らに起こるのは、結びついたり争ったりを通しての群れ全体の純然たる力の配分だとも言える。人間だけが、言語や記号による関係の抽象性を生きている。そのことが、人間に計り知れない重荷を負わせている。私たちの心は、大変なのである。

ところで、傍若無人という言葉がある。文字通り、かたわらに人無きが若《ごと》し、という意味である。私たちは、物語のなかではこういう主人公をしばしば愛好するけれど、その辺の他人がこれでは困る、身近な友人や家族ではもっと困る。ジョン・ウェインの牧場主みたいなのが、親兄弟では困るのである。実際困っている様を、ジョン・フォードやハワード・ホークスはちゃんと描いた。人間は、そんな具合に生まれついているから。物語のなかで、主人公の傍若無人が好まれるのは、私たちが自分をそこに投影するからだろう。従って、自分一人が傍若無人な分には結構である。そんな自分をみんなが素敵だと思い、受け容れてくれるのが一番いい。

物語は、その種のフィクションをいくらでも作り出せる。私たちの願望がそこにある限り、物語はそれに応えて、傍若無人の主人公を描いてみせる。傍若無人は、私たちの願望が生んだフィクションに過ぎない。だから、誰もこの通りを真似たりはしないだろう。現実には、傍若無人と見える人は、自分をうまく説得できない不器用な人である。自分が他人にとって何であるかを、自分にわからせることができない。

この不器用さは、たいていの場合、家族やそれに類する仲間の無制限な好意から抜け出せないために起こっている。自分を説得できない者が、他人を説得できるはずはない、他人から説得されるはずもない。そこでいよいよ他人のことは眼中にない、といった風に出る。これは、困った子供に違いないが、この人を人並みに器用にするのは簡単であろう。赤の他人の無関心に放り込めばいい。しかし、そこにも家族に類する仲間が生まれれば、この人の不器用は、ますます迷惑な病気になる。

自分に命じる

殺人者であれ、泥棒であれ、麻薬中毒者であれ、人は何とかして自分と折り合いをつけようとする。人間が、この二重になった自分から逃れることはできない。この二重性は、社会性と同じことである。自分にどう言い聞かせるかは、社会のなかで自分をどう選ぶかと同じになるだろう。人は、この選択から逃れられない。サルトルが言ったように、この選択は根源的に自由である。

前の章で少し触れたけれども、子供時代の私の剣道の先生は、剣道をする者であることを選べと教えた。そうすれば、剣道をしない者一般に対する責任が生じる、それを黙って負えと教えた。この道徳教育はなかなか巧妙である。選べと命令しながら、選んだのは、お前の自由意志からだと言っている。自由に選んだと言いながら、そこから生じる責任を負えと命令している。命令、自由、責任が切り離せない鎖になって、道徳の論理を成り立たせている。だが、この論理の連鎖は、それを連鎖させ、作動させる元の力がなかったら、ひとつの奇怪な説教でしかないだろう。

命令された選択が、自由意志と同じになり、自由意志による行動が、他人に責任を負うことと同じになるためには、何が必要か。まず、その命令が、自分による自分への命令であることが必要だ。先生は子供に選べと命令するのではない、選ぶことを自分に命令せよと命令する。すると子供は、自分に命令するようになる。なぜか。倫理の根本問題は、どうもこの辺に在るようである。

自分に命令する、ということが人間にはできる。私たちは、どんな時でももう一人の自分に付きまとわれ、この自分を説得しないことにはどうにもならない。不機嫌の嵐に見舞われる。説得は、まるで社会のなかの他人に向かってのように為される。私たちの心は、自分自身のこの社会性から逃れて生きることができない。この時、説得するのでなく、命令する、というもうひとつの態度が人間には可能である。

それは、どんな命令か。人を殺せ、物を盗め、自分だけが得をしろ、という命令か。そうだとしてみよう。そういう命令が可能だとしてみよう。人は、その命令に従った自分について、また何や彼やともう一人の自分に言い聞かせるはめになる。そうすれば、人は自由ではなくなるだろう。自由意志に従っているとは言えなくなるだろう。言い聞かせるはめになるのは、良心があるからか？　そう考えてもよいが、事実はもっとはっきりしたことだ。言い聞かせる相手が、そのもう一人の自分が、殺される他人、盗まれる他人、騙《だま》される他人になって、こちらを見返してくるからである。それが、社会を裏切るということだろう。社会は、私たちの外側と内側に同時にある。内側と思ったものは外にあり、外側と思ったものは内にある。

自分への命令が、完全に自由意志によって為されうるためには、その命令は社会を裏切るものであってはならない。裏切るどころか、それへの責任を新たに生まれさせるような命令でなくてはならない。この命令は、社会のなかの他人に命令するような具合に為されるだろうか。そんなことはない。なぜならこの時、人はもう一人の自分に対して機嫌を取る必要が少しもないから。命令は、まさにほかでもない自分自身に対して、どんな言い訳もなしに為される。自分というものの二重性は、ここでは分裂を起こさない。命令を実行する行動の充実のなかで統一される。それが、自由ということだ。

欲求と命令

動物の行動にある無反省、私たちが時として惚れ惚れする無反省は、こうした自由とは違う。自由には、自分自身に対して為される命令があり、命令する自分とされる自分との行動による統一がある。命令による行動がなくなれば、この統一はまた初めの分裂に戻るだろう。殺す、殺さない、盗む、盗まないの葛藤に戻るだろう。

命令は、どんな風にして起こってくるだろう。ゴッホは、ボリナージュの炭鉱に行って、そこで働く貧しい人たちのためになろうとした。自分の食べ物も、着る物も与えた。そうせよ、と彼は自分に命令した。人間の生存の根っこから倫理の原液を吸い上げた人の自分への命令は、たとえばこういうものになる。しかし、間違えないようにしよう。これは禁欲する、苦行に耐える、というようなこととはまるで違う。ゴッホには、こうせよという自分への命令と、こうしたいという自分の欲求とが、決して区別のつかないものとしてやって来た。彼の手紙を読めば、それはありありとわかる。

命令は、それ自体欲求と同じものでなかったら力を持たない。欲求は、それ自体自由意志による命令と同じものになるのでなかったら、倫理とはならない。欲求に強さの度合があるように、倫理にもまた強さの度合が必ずある。人が、ゴッホのような倫理の欲求に捉えられることはまずない。けれども、自由意志による自分への命令が為されるところ、必ず何らかの度合によるこの欲求がある。私たちは、電車で他人に座席を譲る。路上で倒れ込んでいる病人を抱き起こす。大地震の被災地に幾らかの義援金を送る。驚くくらい多くの人が。私たちは、現にそうしたくて、そうしたのである。その欲求の根の根まで降りて行ってみよう。ゴッホが吸い上げたのと同じ原液が、そこにあるだろう。

こうした原液は、何か神秘的なものだろうか。自然の根底は、生命の全体は究めがたいという点では、神秘的なものだと言ってもよい。この意味で、どこまで行っても神秘的でないものが、私たちの内にあるだろうか。けれども、人のためになりたいという私たちの欲求は、少しも不可思議なものではない。神秘主義の教説に好都合なものは、何もない。

ところが、この欲求が起こる理由を合理的に説明しようとする者は、みな似たり寄ったりの壁にぶつかるだろう。

命令と一緒になったこの欲求は、知性の計算なり、反省なり、認識なりがこれならよしと太鼓判を押すから起こるのではない。人間に性欲があるのは、種の保存に知性が同意するからではないのと、それは同じことではないか。ただし、この欲求は、自由意志による自分への命令とひとつにならなければ、その対象を見つけ出すことも、適切な行為に立ち至ることもできない。そこが性欲とはひどく違う。けれども、欲求は在り、この欲求を引き起こして止まない原泉が在る。あらゆる個体に先立って、知性とも本能とも異なる力として、この原泉は在ると言うしかない。これを疑うわけにはいかないのである。

共同体への個々人の義務が純粋に認識、自覚されるだけで道徳が成り立ちうる、と考えるのは、おそらく行き過ぎた主知主義である。そういう考えでは、共同体への漠とした不服、皮肉な視点があるだけで、道徳教育は滑稽なものに見えてくるだろう。道徳は滑稽でよい、滑稽でも知性のアナーキズムよりはましだと誰かが言う。そんなことが言い出される場所では、もう道徳教育は不可能になっている。子供に向かって、電車ではお年寄りに席を譲りなさい、とは言えなくなっている。言えば、子供は言い返すかもしれないではないか。俺がババアにならせたわけじゃない、と。この反論もまた、大変知性的なものである。知性だけが納得する道徳律は、これに勝てない。
道徳教育の根幹は、子供たちに倫理の原液から登ってくる欲求をはっきりと経験させることにある。この欲求は、少しも特別なものではない。誰から言われたわけでもなく、私たちは郵便局に行き、被災地にわずかながらの義援金を送る。私たちは、自分のなかから起こってくる欲求を、自由意志による自分への命令と同じものにした。そうして、金を送るに到ることができた。大事なことは、この欲求を命令として捕らえ、行為に達するまで放さないことである。子供には、この欲求を、――あるいは自分への命令を――掻き立てるためだけの言葉を工夫して語る。言葉はさまざまであろう。だが、道徳教育の最大の技術は、昔からそこにあった。

カントという人

ところで、カントは、道徳を定めるものが理性ではなく、ある種の「感官」にある、とする考え（イギリスのフランシス・ハチソンなどの説）をはっきりと否定している。そうした考えが主張するところでは、「その感官によって徳の意識は満ち足りた充足に直接結びつけられ、悪徳の意識は魂の不安と苦痛に直接結びつけられる」。道徳法則が定まるのは、その感官が元にあるおかげだというわけであろう。それでは、善は幸福感をもたらすから、善を行なえという幸福主義の曖昧な言い分と結局は同じになる。〈義務を果たせば気持ちがいい、徳に背けば心が痛む〉、そんな結構な人間を前提とした話をしていることになる。これは、順序をまるで逆さまにした説明ではないか。カントはそう言う。

実際には、ある人が義務を果たして気持ちいいのは、義務が果たされる重要性をその人が認識していればこそである。道徳法則の威信や価値を、理性によって思考していればこそである。

「ひとは、それゆえ、こうした充足ないしは魂の不安を、責務の認識に先立って感じることはできず、責務の認識の根拠とすることはできない。そうした感覚についてともかくも思い描くことができるとすれば、そのひとは半ばはすでに誠実な人間でなければならないからである。そのことはさておき、人間の意志が自由により道徳法則を通じて直接に決定されることができるように、この決定根拠にしたがって実行を重ねることたびたびにおよぶにつれて、主体的についには自分自身に満ち足りてある感情を惹き起こすことがあるのを、私はつゆ否定するものではない。むしろそれのみが本来道徳感情と呼ばれるに値するのであり、このような感情を根づかせ陶冶《とうや》することは、義務に属しさえする。とはいうものの、義務の概念を道徳の感情から導き出すことはできない。さもなければ、われわれは法則たるものそのものの感情といったものを考えなければならないことになろうし、理性によってのみ思考されることができるものを、感覚の対象としなければならなくなることだろう」（『実践理性批判』坂部恵・伊古田理訳）

カントは若い頃、ハチソンの道徳感情説に共感を抱いていた。彼がこの説を徹底して破棄することになったのは、感情や感覚が経験の特殊性に左右されるもの、したがって自律性を持たない弱々しい動機と断じられるに至ったからである。道徳法則の決定根拠を求めるカントという人間のなかには、「自分自身に満ち足りてある感情」など何事でもない、〈道徳への自律的意志〉という説明しがたい激しい意欲があった。私にはそう思われる。この意欲は、自然に備わったどんな「傾向性」よりもはるかに深く、彼を動かすものだった。

道徳感情説が、初めからおめでたい善人を想定しているのだとすれば、カントの「義務の概念」は、普遍的道徳が自律する意志によってあることへの激しい意欲や希求から生まれてくると言うべきだろう。なるほど、「義務の概念を道徳感情から導き出すことはできない」。「理性の対象」であるものを、「感覚の対象」にすり替えることはできない。だが、そのことは、カントが「義務の概念」に与えた周到な定義による。理性や感覚をめぐって張り巡らした諸規定による。これらの諸規定から道徳を現に作動させるものは、カントという「理性的存在者」の抑えがたい意欲よりほかにはないだろう。『実践理性批判』に力を与えるものもまた、この意欲よりほかにはない。カントの「義務の概念」は、依然として、カントと呼ばれる桁外れの道徳への意欲を前提としている。

つまり、私が言っていることは、大変当たり前のことである。道徳の「決定根拠」をどんな論理で何に置こうと、その道徳を現に働かせる力は、その道徳を〈欲する〉人間のなかにしかない。人間はその力をどこから汲み上げてくるのか、この問いは、「道徳感情説」などに吸収されはしない。

カントの考え方

もっともカント自身は、こういう問い方を拒絶しただろう。そもそも、自分の「意欲」が人より激しいとか、並外れているとかということは、道徳においては何ら意味のある言い方ではない。「意欲」は行為になり、その行為は一定の「命法」に従う。道徳への「意欲」が行為のなかで従う「命法」は、その行為が他の何のためでもなく、それ自身のために、それ自身が「客体的＝必然的」であることを求める。こうした行為への命法を、カントは「定言的命法」というわけだが、定言的とは、つまりそれ自身を目的とし、ほかの何をも目当てとしないという意味である。

意欲された行為は、どんなものでも一定の信条をもって為される。道徳への「意欲」から起こる行為は、どんな信条から為されるべきか。それ自身「普遍的法則」となるような信条から。そうでなければ、信条という主体的なものは、道徳への「意欲」から起こる行為に適合しないだろう。そこで、この行為に対する定言的命法は、次のようなものになる。「信条が普遍的法則となることを、当の信条を通じて自分が意欲できるような信条に従ってのみ、行為しなさい」（『人倫の形而上学の基礎づけ』平田俊博訳）。要するに、私たちが行為を起こす、その信条が、普遍的法則となることを意欲せよと言うのである。

行為を意欲するだけでは足りない。行為の信条が、普遍的法則となることを意欲しつつ行為するのでなくてはならない。こうした行為だけが、道徳的たりうるだろう。たとえば、返す当てもないのに、必ず返すと言って、金を借りる。借りて行方をくらませば、自分は得をする。それは得をして、「幸福」になるひとつのやり方だと言ってもよい。けれども、これを道徳に適った行為ということはできない。なぜなら、道徳行為の信条は、定言命法に従い、それが普遍的法則たることを意欲しつつ実行されるからだ。借金の踏み倒しが、普遍的法則になったのでは、約束をする意味も、借りる意味もなくなるだろう。法則は自己矛盾を起こして、破綻するだろう。

しかし、カントが言うような「意欲」が、なぜ道徳において起こるのだろうか。それ自身を目的とした、ただ普遍的であることを意欲するだけで自己を支えきるような、そういう行為がなぜ実現されうるのだろうか。カントが見出した「理性的存在者」としての人間が、それ自身を目的とするような価値を持つからである。「理性的存在者」は、なぜそのような価値を持つのだろう。そうした存在者だけが、自然界の因果法則のなかにあって、自分の行為の信条が普遍的であることを自由に意欲するからである。言い換えれば、彼だけが、自由と普遍、主体と客体とをひとつのものとして生きる能力を持つからである。したがって、彼だけが、自分自身を目的とした存在者であることができる。

「理性的存在者」は、普遍を意欲し、また自由に意志して成り立つが故に、自分自身を目的として存在することができる。それなら、その価値は、他の「理性的存在者」一般にまで押し拡げて考えなくてはならないだろう。彼は自分を目的とするだけでなく、他の「理性的存在者」をも目的として生きなくてはならないだろう。そこで、次の有名な命法が出てくる。

「人間は、ましてや理性的存在者は誰であろうと、それ自身が目的自体として実存するのであり、ただあれこれの意志が任意に使用する手段としてだけ実存するのではなく、むしろ自分のすべての行為において、その行為が自分自身に向けられる場合も他の理性的存在者に向けられる場合も、いつでも同時に目的として見なされなければならない」（同前）

あるいは次のようにも言われる。

「自分の人格のうちにも他の誰の人格のうちにもある人間性を、自分がいつでも同時に目

的として必要とし、決してただ手段としてだけ必要としないように、行為しなさい」(同前)

理性を持たず、ただ手段としてだけ使用されるような存在者は「物件」と呼ばれる。手段としてだけでなく、目的として扱われることを必要とする理性的存在者は「人格」と呼ばれる。「人格」は、まったく「客体的＝必然的」に道徳上の義務を持つ者として存在することになるだろう。これが、カントの考え方である。

売春はなぜいけないか

こうしたカントの理論は、詳しく読むほどその精緻に驚くが、結論を聞けばごく当たり前のことしか言われていないように見える。そういう批評は、同時代からあったらしく、彼はそれに反論している。「道徳性の原則」が新しくないのは、当然のことである。そんなものを新発明してどうする。むしろ、「義務一般」が何であるのか、それを果たさなくてはならないのはどうしてか、この問題を「厳密無比に規定してそれをそらさないようにする」ことこそが私の仕事であった。彼は、そう言うのである(『実践理性批判』)。

確かにその通りだろう。新発明の道徳などは、道徳ではない。道徳は、すでに至るところで行なわれているものだ。行なわれていながら、それがなぜ必要なのかは、誰も徹底してははっきりさせない。はっきりさせずに、経験や習慣の法則に委ねてしまう、個々人の気質や傾向に任せてしまう。すると、緩んだ馬鹿な道徳律が、詭弁の如くそこから引き出される。「自分がされたくないことを、人にするな」などは、そのひとつだろうとカントは言う。

　なるほど、こんな言い分は、普遍的原理たり得ない。たとえば、年端もゆかない娘が、小遣い欲しさに売春する。親は当然驚愕、激怒して、何とかやめさせようとする。すると、娘は言う。自分も楽しみ、相手も喜ぶ、それでお金になるのだから、こんないいことづくめはないじゃない。なぜ、やめさせるのと。こう言われて絶句するのは、あながち今の日本の親たちだけではない。経験や習慣から出てくるお説教は、みな一様に絶句する。道徳の成立は、ただ娘が反論するか、しないかにかかっている。

　カントが親なら、もちろんすかさず言うだろう。売春は、自分をひたすら単なる「手段」にし、相手をもそうすることである。これは、互いから「理性的存在者」としての自由を奪い、互いを「物件」として利用し合うやり方ではないか。場合によっては、それは詐欺よりも、盗みよりも、殺人よりももっと悪いやり方になる。君は君自身の「人格」となり、「目的」となる義務を負っている、なぜそれを果たさないのか。また、君の「人格」がそうであるためには、他人の「人格」もまたそうでなくてはならない。他人は「手段」としてだけではなく、「目的」としても扱われなくてはならない。その義務が、君には断固として絶対にあるのだ。

こういう説教を、世間の思惑など意に介さず、他を圧する激しい確信をもって語るのなら、カントでなくともこの親父は偉い。言うことは、これでよい。当の娘にわかるかどうかは別だが、ここで親の心の痛みや婚姻制度の有力さを持ち出すような間抜けな親父ではしかたがない。親のいやがることは、しないでちょうだいと頼んでも、子供が聞くはずはない。

むずかしいのは、他人をどこまで「手段」とし、どこから「目的」としたらいいのかを決めるその尺度だろう。倫理的な娼婦を描いた近代小説は、実に多い。そういう種類の娼婦は、例外なしにやむをえず娼婦をしている。それは、あたかも何かの規則を、作家たちが知っていたかのようである。おそらく知っていたのだ。

この尺度の置き方は、これ自体が倫理の内に属する。「普遍的法則」を行為の「信条」とする倫理が、社会のなかでいろいろな形を纏うのは、この尺度のためだと言ってもいい。娼婦に可能な倫理があり、トンカツ屋のおやじが生きている倫理がある。それは、この尺度の置き方から来る、と言うこともできるだろう。

客から金を取って生活しているトンカツ屋のおやじにとって、客は手段である。けれども、美味いトンカツを食わせることに関するこのおやじの並外れた努力は、客を目的とすることなしには成り立たない。客はおやじを尊敬する。おやじも味のわかる客を大事にするが、大事にするからといって、金をもらわないわけにはいかない。これが、おやじの立てている文句のつけようがない尺度である。しかも、ここでの行為の信条は、充分に普遍的たりうる。たとえば、考えられるあらゆるトンカツ屋が同じくらい努力をしたとしても、このおやじは少しも困らないだろう。むしろ、それだけ世の中はよくなる。

味のわかる客が「理性的存在者」であるかどうか、おやじは知らない。ただ、おやじは、自分の店に来る他人を目的とする方法を、実際に知っているのである。

人様のためになる

他人を自分の手段とするのも、自分が他人の手段となるのも、私たちの経験がそうさせる。この経験なしに私たちはない。しかし、私たちが互いを目的とし合うのは、経験が強いるからではない。私たちが、そうすることを自由意志によって自分に命令するからである。この命令は、当然生活の経験のただなかで試される。ボリナージュの炭鉱でゴッホがしたことは、他人のすべてを目的とすることだった。彼はそうしたいと夢想したのではなく、実際にそうしたのである。彼は試され、教区から締め出された。彼を手段とする他人から締め出されたのである。

倫理は夢想ではなく、経験の領域で絶え間なく試される。これこそが、大切なことだ。私たちが、実際に目的として取り扱わなくてはならないのは、純粋に「理性的存在者」であるような他人ではない。まさに経験の領域で互いをしきりに手段とし合っているような、油断も隙もない他人である。

「経験的性格における人々がすべて究極目的として取り扱われ得るような人間の共同態がなくてはならぬ」。カントを解釈しつつ、和辻哲郎はそう言う(『人間の学としての倫理学』)。これは、言うまでもなく民主主義の最大原則だろう。

「経験的性格における人々」とは、つまり油断も隙もない人々のことである。こういう人々は、互いを手段とし合うのであるから、共同体を作るほかない。共同体のメンバーとしてしか成り立っていない。しかし、彼らの全員をそのまま「究極目的」として取り扱うような態度は、共同体のなかにあるのではない。カントの言う「普遍的法則」たる倫理の「信条」のなかにある。こうした信条が油断も隙もない人々の間で生きている、そんな「共同態」がなくてはならぬと和辻は言っているのである。

この「共同態」は、家族のようなものとは違う。家族は互いを手段としながら、互いを究極目的とするかもしれないが、「経験的性格の人々」すべてをそのように扱おうとはしない。家族が互いを究極目的とし合うのは、自由意志による自分への命令とはまったく違うやり方によってだろう。したがって、「普遍的法則」たる倫理の「信条」も、そこでは働く必要がない。

ところで、「人様」という日本語にある響きの複雑さを、日本の社会に生きている人間なら誰でも知っている。私のようなボンクラが何とか食っていけるのは、「人様」のおかげである。こういう使い方をする。親からは、「人様」から後ろ指をさされない人間におなり、と言われる。「人様」のことに口をお出しでない、とも言われる。こういう人様は、漠然たる他人でもないし、むろん身内や仲間でもない。

私が人様のおかげで食えるのは、人様を手段としているからであろう。その手段に様をつけるのは、そのことを怖れるからである。人を手段として扱うことを怖れる。なぜか。人様は、親とは違うから、まず無条件に私に好意などを持ってはいない。人様の善意も悪意も、私には測りがたい。そういう私は、人様を手段としなければ食ってはいけない。同じように、人様は私を手段としているだろうか。私は、果たしてどれくらい手段たり得ているだろうか。私には、その確証もない。したがって、私は人様を怖れるのである。

しかし、それだけではない。私は、人様を手段とすること、それ自体をも怖れる。手段とされることを拒む何かが、踏み込むことのできない何かが、人様にあることを私は知っている。それは、人様がそこに、あそこに、居ること、そのことから直接に伝わってくる。

人様を専ら手段とするためには、伝わってくるこのものにあえて眼を閉ざさなくてはならないだろう。少なくとも、このことは、「人様」という言葉の意味が、すみずみまで感じられる人間には、感じられている。

私たちに伝わってくるこのものは、何か。それは、カントに言わせれば、もちろん「理性的存在者」の「人格」が持つ「尊厳」だろう。だが、「人格の尊厳」などというよそゆきの言葉が、今やどんなに手垢にまみれているかを思ってみればよい。カントに従って考えることは、カントのように考えることではない。「義務」や「人格」や「行為の信条」について、誰も彼ほど激しい意欲に引き摺られて考えた者はいなかった。その彼が、自分の考えを出発させたのは、やはり他人から私たちに〈伝わってくるこのもの〉ではなかったのだろうか。

カントのように「人格の尊厳」を説けないのなら、「人様のためになれ」と繰り返すほうがずっとよい。

「人類」を見る

日本の戦後教育とやらが拠り所にしていた一種のヒューマニズムは、今ではどこか滑稽感を伴わずには公言できなくなった。ここで唱えられてきた人類平和主義のようなものは、日本人をおそろしく虫のいい、甘えた国民にした、といったことを言うジャーナリストが多くなった。流動化してきた世界情勢のなかで、日本人にすっかり身に付いたこの性癖が大変危ういことは、まあ確かだろう。内部的にいろいろ起こっている妙な少年犯罪や動機を解しかねるような凶悪事件も、このことに結びつけて解釈されたりする。教育現場の崩壊も役人の汚職も医療機関のぞっとする怠慢も、このことに結びつけられる。そこで、国家意識を新たに持てという主張が必ず出てくる。そうでなくては、倫理も立ち直らないのだと。

しかし、国家というものは、人類が複数の群れを作って生き延びるひとつの手段である。これが、今でも他の手段より有効で強力なものである限り、国家という手段は必要なものだろう。それは、善いことでも悪いことでもない。このことを、はっきりさせた上で、国家機能を高めよと言うのならそれでよい。それでも、人類が国家を目的として生き延びることはできず、国家が人類を目的として作動することもあり得ない。人類を目的にできるのは、人類自身である。この目的の普遍性だけが、共同体のなかに倫理をその欲求の深みから吸い上げさせる。国家の原則に倫理的なものを浸透させる。ヘーゲルの壮大な倫理学が、この点で誤っていたことはどうも疑いようがない。

これは、人類主義とは違う。なぜなら、このことを考えるのに、人類という言葉は必ずしも必要ではないからだ。たとえば、旧約聖書にある「あなたの隣人をあなた自身のように愛せよ」(「レビ記」)という言葉は、同じ思考を語ったものだと言える。「律法」の全体を要約する一語として、イエスはこの言葉を挙げた(「マタイによる福音書」、「ガラテヤ人への手紙」)。「隣人」は、自分の回りのあれこれの他人であると同時に、自分が己れのように愛することを決心しなくてはならないひとつの対象である。この対象は、私の決心と共に、己れのように愛せよという命令と共に、浮かび上がってくる。

私たちには、実際に経験させられる大勢の他人がいる。これらの人々はみなそれぞれに特殊であり、測りがたい。こういう人々をことごとく集めた総計が、「人類」というものなのだろうか。そう考えるだけなら、「人類」という言葉に倫理的な意味合いは生まれて来ようがない。「人類」は、イエスの語った「隣人」と同じく、ひとりの他人のなかに具体的に生き、しかもその他人をはるかに超えて働いている何かでなくてはならない。そういう何かとして現に感じられ、思考されていなければ、「人類」を目的にする、というような態度が、実践の上で成り立つはずはない。

人類の平和を唱えて、身近な他人を平気で騙し、差別し、最悪のやり方で裏切る人間はいくらでもいる。口先で何を唱えようと、それはその人間の勝手である。そういう御託は、人類を救う方法とはもちろん関係がない。「人類」というものが、あるとしよう。それは、他人ひとりひとりに対して、私たちが作り出して負おうとする倫理的な義務のなかにしかない。その義務の普遍的な実行のなかにしか現われてはこない。イエスの「隣人」は、少なくともそのようにして現われてきた。彼に直接鼓舞された人間たちは、イエスを見ただけでなく、彼が示した「隣人」の出現をも実際に見たのである。

人類主義に群がる者たちは、「人類」などどこにも見ていない。群がるのに都合よく作られた観念は、観念に過ぎない。路でうずくまっている急病人がいるとしよう。それは、どこにでもよくいる人だから。私たちは、なぜ自分の用事を放り出して、この人をどこまでも助けることがあるのだろう。そういうことが、私たちの行動の上に起こるのだろう。この人の苦しさがよくわかる、自分もそうなって助けられたことがある。私たちは、助けたあとで、しばしばそう言う。しかし、よくよく考えれば、そういう体験は、私たちを動かすほんとうの理由ではない。

私たちは、急病で苦しんでいる他人が、どんな人かを知らない。とんでもなく嫌な奴かも知れない。けれども、そんなことは構わぬ。私たちはその人の苦しみが、あるいは苦しんでいるその人自身が、その人をはるかに超えたどこか大きいところから来るもののように感じる。そこからの呼びかけを聴く。命令の声を聴く。その声は、どんなに遠くから来ようと、私たち自身のものだ。誰もがみな、その大きなものをしょっている。

あなた自身のように……

律法に従い、イエスが「あなたの隣人をあなた自身のように愛せよ」と説いたその言葉は、決して単純なものではない。人は、自分自身をどんなふうに愛するか。自分だけ得をしたい、褒められたい、楽しみたい、威張りたい、いずれそんなところである。どんなに根深かろうが、奥に隠れていようが、こういう欲望ほどありふれて親しいものはない。この欲望は、他人を手段とせずには、実現することができない。イエスは、その欲望を自分に禁じよと言っているのではない。他人がその欲望を持つことを許せと言っているのでもない。ただその一般的な欲望を、普遍的な愛に作り変える一種の跳躍がある。それを試みよと言っているのである。

他人を〈自分自身のように〉愛すれば、自分への愛は、その性質を変える。他人は「隣人」に姿を変える。

たとえば、自分だけを愛し、他人をすべて手段とするような人間がいるとする。彼が一生懸命頑張った末に、自分だけ損をし、褒められもせず、苦役ばかり押しつけられて、蔑まれる羽目に陥るとすれば、彼の自己愛は行き場をなくして宙に浮く。自分だけを目的に生きてきたこの男は、もう死んだほうがましだと思う。実際、ましであろう。さて、自殺したがっているこの男に何と言うか。

君は自分のことばかり考えていたから、失敗したのだ。もう少しうまく他人の利益を計算に入れておけば、君はそこそこ成功しただろう。これからでも遅くないからやってみろ、今の自殺はいかにも損だ、と言うか。カントは、こういう教説を常に批判した。ここでは、自分だけを愛するためのひとつの技術が説かれているに過ぎない。なぜ、自分だけを愛するのか。まあ、気持ちがよいからであろう。どんな理屈で武装しようと、こうした感性的動機で支えられる倫理は、現実上破産する。死んだほうがいいと思う人は、あとを絶たない。

カントは、当然こうした自殺を禁止する。自分を目的とする者が、自分を破壊するとすれば、それは、そこそこの幸福を得るための手段として、自分を扱うことではないか。目的は自分自身ではなく、そこそこの幸福になっているではないか。では、自分の幸福を抜きにした、目的としての自分自身とは何か。自由意志によって、自分が目的であることを自分に命令できる「理性的存在者」以外にない。この存在者の在り方は、「普遍的法則」に従うが故に、あらゆる他人の在り方ともなる。自分の目的たるその存在者を、どんな場合にも破壊してはならぬ。カントはそう言うだろう。

カントの理論が、例の男を思いとどまらせるかどうかは知らない。思いとどまらせることができたとすれば、それはおそらく理論そのものの隙のなさによってではない。このような理論が、力を吸い上げてくるその根底によってである。イエスの言葉は、そうした根底にじかに触れている。「あなたの隣人をあなた自身のように愛せよ」、そのことを一挙に可能とさせよ。そのような跳躍を可能とさせる力が、私たちの生きる群れの根底に実際に在る。イエスの言葉は、そんなふうに響く。

そこそこの幸福もないなら死んだほうがましだ、そう思っている男が自殺を思いとどまるには、ちょっとした金、ちょっとした地位、ちょっとした見栄を与えてやればいいのかも知れない。しかし、むろんそれでは、彼の自殺は倫理によって克服されたことにはならない。その男はいつでも何かちょっとした理由で、すぐに自殺を思いつくだろう。その内には、何の理由もなしに、突然死にたくなる可能性もある。

ひたすら他人を手段として生きている人間の自己愛ほど、手応えのない不安定なものはない。自分の何を愛するのか、何があれば満足なのか、どんな理由で生き続けているのか、彼には何もかもが朦朧としていて、その手応えのない朦朧が、彼を永久に嫉妬深い、不機嫌な人間にする。

自己愛の手応えは、これを他に振り向けるところから来る。そういう例は、誰でも頻繁に経験する。肉親愛や民族愛や祖国愛と呼ばれるものは、みなそういう形態を取る。けれども、そうした形態に変更された自己愛は、決して倫理の規範として再生しないだろう。家族間、民族間、国家間の憎しみや争いを、決して克服しないだろう。そうした集団の拡大の先に、イエスの言う「隣人」が現われることは不可能である。肉親愛、民族愛、祖国愛のなかには、〈自分自身を愛する〉そのやり方を、根底から変質させるだけの力が働いていない。その力を、倫理の原液から吸い上げようとする目覚めた意志が働いていないのである。

日本人が言う「人様」は、イエスの言う「隣人」ともちろん同じではない。「人様」には、なるほど私たちを脅かす因習の響きがあり、身内から他人を排除する血族主義の匂いもある。しかし、生活のなかでいまだに使われるこの言葉には、極めて強い倫理的な意味合いがあり、それを聞き逃してはつまらないだろう。私たちは、イエスのように「隣人」へと跳躍することはできない。が、「人様」を怖れることならできる。その怖れに向きあって、怖れの理由を見極めることならできる。ありとあらゆる他人が、その人間をはるかに超えた何かをしょって生きている。その何かは、おそらく自分の背後にもある。それを何だと考えればよいか。カントはカントの「純粋実践理性」によって、それを考え抜こうとした。イエスは、初めからそれが何かを知っていた。私たちは?

私たちは、「人様」がいることをはっきりと知り、それを怖れ、それへの義務を果たして生活すれば充分である。「隣人」へと跳躍する者は、するであろう。

第三章——約束はいかに守られるべきか

道徳で説得することはできない

遊ぶ金目当てに売春する娘を、親はどう説得してやめさせるか。カントならこう言うだろうと、私は書いたが、娘がそれに納得するかどうかは保証の限りではない。取りあえず、言って可笑しくはない言葉はある。それを、どう言うかである。ここで問題なのは、演技的才能のことではなく、その言葉を我がものとして語りきる私たちのなかのひとつの力である。カントは、この力の出し方を教えてくれなかった。

実際、『人倫の形而上学の基礎づけ』を読んで、娘の説得に成功する親は少なかろう。それはカントの理論が間違っているからではない。人を道徳的に振る舞わせる力は、理論とは別のところにあるからだ。

一昔前の親父は、こんな苦労をせずに済んだ。同じことが起これば、怒髪天をついて理不尽に怒鳴れば立派なものだった。もっと昔には、勘当という手があった。今は、娘のほうが、実に素朴になぜいけないのかを反問してくる。説明できなければ、親はますます笑い物である。説明できたとしよう。どんな理の通った説明も、聞く耳というものがなければ寝言と同じになる。親は依然として笑い物である。こういう世相でも、娘を身売りさせなければ生きていけない家族があった時代より、ずっとましだという意見もある。だが、そんな比較をしてみたところで仕方があるまい。めいめいが独自に道徳説を考案して説かねばやっていけなくなった私たちの時代は、やはり大変な時代に違いない。

哲学者流の道徳学説は、社会ですでに行なわれている道徳を、それがなぜ理に適ったことであるかを説明するものだった。この種の説明は、実はよほどの馬鹿でない限り、それ自体としてはうまくいく。社会で行なわれている道徳は、必ず何らかの目的を持ち、拘束力を持ち、準則を持っている。それは、その社会がみずからを維持するために加える基礎的な圧力によっている。道徳学説は、そうした圧力を前提にし、その圧力が成功しているわけを、その社会が受け容れる雰囲気のなかで説明するに過ぎない。

今はその圧力が、完全に世界化した資本の流れのなかで日に日に弱まっている。反対に、世界化した資本が作り出すのっぺりとした欲望は、日に日に膨脹していく。社会の圧力が弱まればどうなるか。道徳学説を迎え入れる基盤が弱まる。雰囲気は消え、聞く耳もなくなる。圧力が弱まったことを喜びたい人は、喜べばよい。金属バットで親の頭を殴る子供に説教ひとつできない時代が、私たちの時代である。

哲学者の道徳学説は、人々を説得したのではない、すでに社会の圧力が従わしめている道徳を、任意の観点から説明した。説明に感心した人々は、すでに道徳に従っていた人々である。「人権」を説明していた世紀は、社会の圧力に従ってすでに「人権」を受け容れるブルジョワジーがいた世紀である。そうではない場合があったことを、もちろん私たちは知っている。イエスや仏陀や孔子や聖徳太子などがやったことは、こうした説明ではない。彼らは彼らの時代の血なまぐさい荒野から一人で物を言い、それに応じる人々を生み出した。これは、説得だっただろうか。そう言ってもいい。ただし彼らには、説得しようなどというつもりは少しもなかっただろう。

彼らは、ただ端的にある行動をやってみせた。その行動が点火した倫理の欲求が、彼らの回りにいた少数の人々をまず呑んだ。するとこの人々もまた同じ行動を模倣せずにはいられなくなり、こうして彼らもまた自分の模倣者を拡げたのである。ここには、極めて寡黙な行動の連鎖があったに違いない。福音書も『論語』も、そうした寡黙に対しては、たぶん饒舌過ぎるものだろう。

「これを為すこと難し。これを言うに訒《じん》なること無きを得んや」（『論語』顔淵第十二）と孔子は言った。行ない難いことが、どうして言い安かろう、それについて黙らずにいられよう、というのである。言うは安く行なうは難し、は凡人の成り行きでしかない。言うことこそ難しい、言いうるなら、必ずそれに従って起こる行動がある。そういう場合が確かにありうる。その時には、道徳は社会の圧力を説明していない。倫理の原液を吸い上げている。

私たちは、道徳で子供を説得できないことを、何ら恥じるには及ばない。そもそもそうしたことは、人に可能なわざではないのだから。社会の圧力を勝手に高めることもまた、私たちにできることではない。では、どうすればいいのか。簡単なことであろう。倫理の原液を吸い上げるような振る舞いを、わずかなりとも自分自身に取り戻せばいい。イエスや仏陀のようであることは不可能だ。しかし、彼らの行ないと同じ源泉を持つ振る舞いをよく想い、想ったところを行ない、「言うに訒《じん》なる」その行ないを、わずかなりとも語ればいい。欲求は深部から揺り動かされる。子供はその振る舞いを模倣する。人類はそれを模倣するものだから。悪魔の存在は、むろん別の話である。

躾と感化

子供の躾《しつけ》は、社会の圧力によって為されるが、感化はそうではない。感化院というのがあるけれども、人を監禁して行なうことを感化とは言えまい。感化は受ける者が自由に受け、与える者の意図を超えて与えられる。これが原則である。躾は、そうはいかない。躾には、強制と罰とが伴う。それを喜んで受ける者はないだろう。そこで、躾の義務を合理的に説明する道徳教育が必要になる。しかし、躾を可能にさせるものは、道徳教育ではない。社会の圧力である。

躾と感化とのこうした関係は、反対から見ることもできる。躾は、ある社会なり共同体なりが、任意の基準で強制するけれども、受ける者はそれに反抗したり、無感覚になったりすることが可能である。感化のほうは、そういうわけにはいかない。感化には、どこか不自由になる喜びがあり、この喜びに反抗しようとする者はいないだろう。躾は任意になされ、感化は否応なく起こる。

躾と感化とは、子供が教育される時の切り離せない二つの側面になる。個々の人間が、自然の群れのなかではなく、社会のなかに産み落とされる限り、教育のこれら二つの側面は、必要なものだと思われる。社会が複雑になるほど、躾は種々の共同体のなかで多様化し、分業化する。私が尊敬してやまないトンカツ屋のおやじは、修業時代には、ずいぶん厳しい躾を受けたに違いない。この躾は、彼が志した職業上の技術の習得と一体になったものであり、習得に欠かせない生活条件だったとも言える。躾を欠いたままの技術教育は、まことに非効率なものである。逆に、技術教育の裏づけがない躾は、まことに不安定なものであり、すぐに馬鹿馬鹿しい頽廃をみる。

しかし、この技術教育がほんとうの素質を育て上げるには、感化が要る。模倣への欲求を掻き立てる一人の人物が要るのである。すぐれた料理人を育てる調理場には、必ず模倣の対象となるようなすぐれた料理人がいる。このような人物は、単に技術がすぐれているだけではない。他人の内に模倣への欲求を掻き立てる何かが、その技術を根底から作り出すものになっているのである。彼は意図せずして、他人に感化を与える。意図して為される教育は、意図せずして引き起こされる感化なしには、決して実を結ばない。

もちろん、これは技術教育の現場では至る所にある事例だが、学校教育では極めて少ない事例である。先生たちが悪いのではない。学校で教えられている事柄の本来の曖昧さが、つまらなさが、学校での躾と感化とをほとんど不可能にしているのである。テレビドラマに出てくる先生は、躾抜きにいきなり感化を与えるが、誰にとってもあれが無理なことに見えるのは、そうした感化に不自然を感じるからである。学校には、具体的な躾を必要とする技術教育がなく、尊敬される技術のないところに感化は起こらない。

尊敬される人格は感化を与えるではないか、と先生たちは言うかもしれない。確かに、手ぶらの精神が強烈な感化を与えるということはある。しかし、その精神は大変特権的なものであり、そこでは、その人物の生そのものが一個の芸術作品のように演じられている。つまり、それは、イエスや仏陀のような人間のことである。私たち常人の人格は、苦心して身に付けた何らかの技術と共にしか、よくはならないのではないか。社会のなかで成り立つ躾も感化も、そこにしかないのではないか。

言い換えれば、人間の技術とは、躾と感化とを必須の条件として磨かれる何かでなくてはならない。少なくとも、技術という言葉の意味をそんなふうに扱うことは、子供の教育にとってよいことだ。受験技術という言葉がある。高級な勉強とは別に、低級な技術があり、いやでもそれを呑み込んでいないことには、受験に失敗する、それは必要悪だ、そんな意味合いがこの言葉にある。技術という言葉が、こんなふうに貶められているところに、子供を奮い立たせる教育などあるはずがない。

「技術」という漢語は二つに離して、「技」とか「術」とか言ったほうがいいのかもしれない。学問は、料理同様、社会のなかでひたすら磨かれる一種の技である。学校で教わる「教科」は、そうした技にまっすぐつながっていなければ、これはもう殺人的につまらないものだろう。このつまらなさが、子供から成長する力を奪う。感化される能力さえ奪う。高校がつまらなければ、さっさとやめてトンカツ屋の修業に行けばよい。このことは、効率の上でも、倫理の上でも、まったく正当に言える。

躾と約束

人間は、約束することを免れない動物である。これは言語行為というものの性質に因っている。私たちは、独りで考え事をしている時でさえ、自分に今言っていることが、ほんとうだということを自分に約束せざるをえない。こう考えるが、実はこれは嘘だ、と思っているとしよう。その時には、嘘だということをこっそり自分に約束している。話す―聞く関係の間にしかどんな人間も生まれない、と前に言ったが、この関係の根底はいろいろな形の約束で成っている。

自分にさえ、人は四六時中約束をするのだから、他人との関係となると、これは約束ずくめである。「愛している」と言う時には、たとえ嘘でも、相手にはその愛を約束している。結婚は、言葉の上の約束以外の何ものでもない。これを維持するものは、相手に対して最初の約束を守るという言語行為である。詩を朗読するように会話する人はいないのだから、話すことは、みなこうした約束を含む相手への働きかけだと言える。

むろん、嘘はいくらでもつける。約束は破ることができる。けれども、それは約束というものがあらかじめ成り立っていればこそだ。初めから約束が成立しないところに、嘘も裏切りもない。嘘や裏切りは、約束が成立してくれる場所に依りかかった、その場所を利用してこそできる弱い振る舞いである。反対に、どんなにささやかな約束でもそれを守ることは、約束が成立する場所にそのつど貢献すること、その成立に対して進んで義務を負うことだろう。だから、これは強い行動だと言えるのである。

この場所は、嫌いだから拒否する、というようなことは、ただ言葉の上で言い募ることができるだけである。約束が成立する場所がなかったら、人は一日だって生き延びることはできまい。自室に引きこもろうが、強盗殺人に出かけようが、そのことに変わりはない。

この意味で、あらゆる虚偽、裏切り、犯罪は、約束の成立を食い物にする行為、少なくともそれに甘えた行為である。自然界の動物には、約束が成立する場所がないから、そういう甘えもない。彼らは本能の働きだけで充分群れを維持できる。

躾が社会の圧力によって為されるものだとすれば、まず躾が約束を守らせることから始められるのは当然だろう。躾は、子供が人並みに生きていけることを願って為されるのではない。そんなことを言うから、子供は余計なお世話だと反発する。躾は、何よりも社会が社会のためにするものだ。親は、言わば社会の圧力を委託されて子供の躾をする。それは、しきたりや因習や共同体の掟に従順な人間を作るためではない。約束が成立する場所に、親も子も共に義務を負っているからである。義務を負っているが故に、しきたりや因習や共同体の掟と闘わねばならないことがある。躾は、子供をそうした闘いに備えさせるかもしれない。それなら、それでよい。

晩の十時までに家に帰ると約束したら、十時までに帰る。帰れと親に命令されたから帰るのではなく、親と約束したからそうする。約束を守れと命令するのは、自分でなくてはならない。なぜ、十時半ではだめなのか、十時四十分ではだめなのか、そんなことを考える必要はない。約束をする義務、守る義務が、家族に対してあるのだ。

約束を守る義務がなくなれば、家族という共同体は崩壊するだろう。そもそもこの共同体は結婚という約束から、つまりひとつの言語行為から出発している。子供は親に対して「家族になります」と約束した覚えはない。それはその通りだが、それにもかかわらず、約束は互いの自由意志で為したかのように振る舞う。子供にはそのことを細部から覚えさせる。この約束を守ることが、一番基本の義務であることを身につけさせる。家族を愛することは、愛すると約束することであり、その約束を最後まで自由意志によって守ることである。家庭におけるすべての約束が、その約束に基づいているのだから。

社会の圧力が低下している……

家庭内の躾は、社会の圧力を委託されて親がするものである。その圧力がどんどん低下すれば、親が委託されている圧力もまたどんどん低くなり、親の言葉は権威をなくす道理だろう。学校の先生でも、このことはまったく変わりない。家庭が崩壊するように、学級は崩壊する。なぜ遅刻してはいけないか、なぜ席に座っていなくてはならないか、なぜ先生の話を聞いていなくてはならないか。社会の圧力を背景にできない先生は、それを一から説明させられる羽目になる。だが、説明してわからせたところで、何になるだろう。その通りにさせるだけの社会の圧力が、先生の背後にはない。

わかりきった話だが、一般には、国家が団結を弱めれば、その国家によって統治される社会は圧力を低下させる。国家は、いつ団結心を強めるだろう。むろん、他の国家によって脅かされている時である。世界化した資本の流れが、あらゆる国家を横に貫いてそれらのタガネを溶かしていけば、国家の団結心は消滅の方向に向かう。その時、私たちを動かすものの根本は、国家の団結に依存した社会の圧力ではなくなる。

たとえば、私たちは今、いろいろなものの流行に右往左往する世の中に生きているが、この流行は、資本の流れが作り出した多種多様な欲望の諸関係にほかならない。教師の言うことを鼻で笑っている子供を今最も直截に動かすものは、この〈流行〉という、世界的資本が作り出す欲望の化け物である。子供だけではない。誰も彼もが、流行の渦には手も足も出ずに巻き込まれ、何とかその渦を言葉で肯定しようと努めている。不道徳呼ばわりされることを、かつてある時代に何より恐ろしいと感じさせていたものは、国家の団結に依存した社会の圧力だったが、今流行遅れと言われることに恐怖を与えているものは、もっとはるかに複雑な社会的欲望の諸関係である。

この欲望は、社会的でありながら社会の維持や防衛のことは、もちろん少しも頓着していない。考える機能をもともと持っていない。この欲望の無意識は、大変自己破滅的なものだ。これは、共同体にとって明らかに個人の利己心よりも危険なものだろう。社会の圧力が封じていた個人の利己心は、これに結びついていよいよ力を得るだろう。

けれども、人間は生きていくのに社会を必要とする。個々の人間それ自体が、すでに言語を持ち、話し手と聞き手とを同時に含んでいる一種の社会細胞である。そのことを認める限りは、授業中立って歩く子供を、何とか座席に座らせなくてはならない。子供にも教師にも社会に対してそういう義務がある、そのことを何とかわからせなくてはならないのである。社会の圧力がこれほど低下している時に、それは可能だろうか。不可能なら、私たちの社会は化け物じみた欲望の自動機械になっていくしかない。

社会の圧力を背景とした躾は、実際今ほとんどできなくなった。できているかのように見えるのは、言いつけに従わないことが露骨に不利益を生む場合だけだろう。これは損得ずくの取引であって躾にはなっていない。「そんなことをすると、内申書にひびくよ」などと先生が言うのは、脅しとしては効くが、躾ではない。世の中には、こういう脅しが無数にある。脅しは相手の弱みを利用した取引だが、躾は社会に対する公平な義務として為される。これが家庭でも、学校でも、世の中一般でもむずかしくなった。で、脅しはますます盛んになる。

躾を可能にさせる社会の圧力が、親からも教師からも感じられなくなったとすれば、子供が躾を受け容れるのは、感化を通してだけ、ということになるだろう。感化と一体になった躾なら、今でも成功する見込みがある。社会の圧力を介さず、感化と一体になって為される躾というものは、実に躾の理想形にほかならない。もっとも、理想形しか可能になっていない時に、これを理想形とするのはいささか呑気過ぎる考えではある。

〈よい感化〉は、どのようにして起こるか

例のトンカツ屋のおやじのところで下働きしている何人かの若い人たちは、みな非常にきびきび働いている。若者への躾というものが、今時これほど成功しているところはめずらしい。私はこのおやじが、若い人たちを叱っているところを見たことがないが、彼らがおやじの眼を大変意識して働いていることはよくわかる。たぶん、彼らが一番誇りとすることは、おやじから誉められることだろう。あるいは、おやじに似てきた、と誰かから言われることかもしれない。

おやじが、この人たちに教えていることは、職業上の明確な技術であって、学校で教えるあの「教科」とかいうものではない。多くの客に美味いトンカツを安く気持ちよく食わせる、そのことのためにどれだけの技術が発明され、習練されなくてはならないか、それを、おやじは教える。実際にやってみせて教えるのである。やってみせられることに、彼らはたちまちグーの音も出ず、説得されてしまう。はっきりと検証できる伎倆の存在というものを、彼らはたぶん学校では目の当たりにしたことがなかっただろう。しかし、そういう仗俩が存在しない場所で、果たして感化と一体になった躾が成り立つだろうか。

躾は、感化と一体になった時、社会の圧力を必要としなくなる。躾を支えるものは、非人称的な圧力ではなく、名前を持ったある人間の仗俩である。この仗俩は、社会のなかではっきりと検証され、説明されるものであり、神秘的でも絶対的でもない。この仗俩は、やがて誰かによって乗り超えられるべく、そこに開かれたままになっている。社会の圧力に替わるこの仗俩は、躾を支えると同時に感化を与える。与えずにはいない。気を付けて見回せば、こうした仗俩は、まだまだいろいろな場所に存在する。偉そうな理屈は何ひとつ言わず、目立たぬところに黙って存在している。

アランは、自分が高等中学校の生徒だった頃に習ったジュール・ラニョーという哲学の先生について、非常に美しい一冊の本（『ラニョーに関する思い出』、一九二五）を書いている。この先生は、自分では決して本を出さなかった。学校では、年間を通じていつも二人の哲学者だけが取り上げられ、彼らの著作が徹底して読まれ、注釈づけられた。それはプラトンとスピノザであるが、生意気盛りの生徒たちは、ラニョーが施す注釈の力に心の芯まで射すくめられる。この先生の話は、実に下手で、わかりにくい。およそサービス精神というものは、ゼロである。だが、哲学教師としての彼の仗俩は、そこに存在するだけで充分過ぎる光を放った。わかりにくさの極みにある先生の言葉は、高等中学校の生徒たちに疑いなく「百年の熟慮の種子を与えた」（A・モロワ『アラン』）。生徒たちは、社会の圧力と無関係に、生涯の背筋を伸ばしたのである。

こういう話を、良き時代のおとぎ話のように聞いてはいけない。自分の回りにラニョーがいないことを嘆いてもいけない。ラニョーは、トンカツ屋のおやじかも知れないではないか。正確に考える人を「巧みな料理人」に譬えたのは、まさに『パイドロス』におけるプラトンである。ラニョーにあったのは、教育の技術ではない。彼の話し下手は、むしろ人並み以上であった。ただ、彼にあったのは、プラトンやスピノザを料理して食べさせる圧倒的な腕だっただろう。生徒たちは、実際にその料理を食い、料理の手際を目の当たりにした。

教育に技術があるのではない。学ばれる技術のなかに教育があるのだ。感化と一体になった躾がある。アランがラニョーから学んだ料理法は、アラン自身のものになった。それだけではない、彼は哲学がいかに料理であり、新しい説を唱える心配など何ひとつしなくてよい〈技の領域〉であるかを知った。ラニョーの注釈は、それだけで最も深い意味での創造であり、これを継ぐことは、人間というものを継承することだと、確信できた。

同じことが、トンカツ屋で起こっていて何も不思議なことはない。トンカツ屋は、師匠の思い出を本にしないだけだ。本にしても、アランのようには語れないだけだ。

社会の圧力と無関係な躾は、いつもこのような感化と一体になって為される。

継承と約束

これから大人になろうとする生徒には、学ぶに値する技術がはっきりと示されなくてはならない。それを持つことは、教師の務めと言っていいだろう。このことは、言うまでもなくむずかしい。日本の学校制度が取り決めているいろいろな「教科」は、学ぶことからこうした技術の性質を放逐してしまっているように見える。先生たちに求められる技術は、教える技術でしかなく、先生がこの技術で生徒に感化を与えることは、不可能である。

生徒が学ぶに値する技術とは何だろう。それは、必ずしも職業的技術とは関係がない。おそらく、それはトンカツと哲学とが同じ価値で出会うような、そういう場所で成り立つ技術であろう。その技術を継ぐことが、同時に人間というものを継承することであるような、そんな技術が注意していればちゃんと見つかる。

このような継承は、感化から生まれるひとつの約束を含んでいる。すでに述べたように、この社会は無数の約束で成っている。それらの約束のほとんどは、私たちが生まれた瞬間から従わざるを得ないものである。それらは、単に強制されたルールなのではない。私たちは、自分の母語を決して強制されてはいない。電車に乗る前に運賃を払うことは、強制されていると言えるが、誰もが運賃を払わなかったら電車は走れない道理であるから、この「運賃を払います」、という約束は、私たち自身にとっても必要な約束である。この約束を守ることは、はっきりとした自由意志によって為されなくてはならない。それが社会の成立に対して義務を負うということである。

義務は負いたくない、是が非でも負いたくない、と言う者がもちろんいる。社会は、そういう人間をいつでも実に多く抱えている。そういう社会全体の成立に対して、なおかつ義務を負おうとすることが、自由意志によって生きることである。義務から逃れようとすれば、約束は消え、強制されたルールが現われるだけだ。そのルールの従順な奴隷になるか、何とかルールをかいくぐって自分だけ得をするやり手の奴隷になるか、いずれにせよ、なかなかつらい、やりきれないことである。

感化から生まれる約束は、社会や共同体の成立に対する義務とは、まったく別のところで交わされる。それは、ある特定の人間が持つ技術の継承と深く関わっている。何と何がこうした技術の範囲に入るかを明確に言うことはむずかしい。が、はっきりしているのは、こうした技術はそれを継承したい人間を作り出す、ということである。この継承は、単なる習得ではない。その技術を実現できる特定の人間を、そのまま受け継ぐことに相当するだろう。受け継ぐことを、人は人に密かに約束する。この約束のうちには、社会というよりは歴史に参入していく何かがある。

「技術」はやはり、「技」とか「術」とか言ったほうがいい内容のものだろう。技は、それを実現する人間の決して複製できない一種の習練と結びついているが、何ら孤立したものではない。その技は、人に教えることができるだけでなく、それを習得したいという欲求を生産する力を持っている。その欲求によって、技は歴史のなかで反復可能なものになっていく。

ところで、人はなぜそうした技を習得したいと思うのだろう。美味いトンカツを揚げられることが、儲けに役立つことは間違いない(たまには、役立てられない人もいるが)。けれども、ここで起こった欲求にとっては、そんなことはほんとうはどうでもいいのである。欲求は、トンカツの揚げ方に対して起こるのではなく、揚げるおやじのなかの何かに対して起こる。その何かが、一種の〈立派さ(grandeur)〉であることは、疑いをいれない。人は、突如としてこの立派さへの欲求を心に植え付けられる。それは、むろんある技を通してであるが、同時にその技の向こうに出ることによってでもあるだろう。

習得への欲求を生産するある種の技には、いつもその技自身を超えて〈立派さ〉そのものの存在に直面させるような性質がある。スピノザを読む技であろうと、トンカツを揚げる技であろうと、そのことはまったく変わりない。アランはラニョーのことを、「私が実際に会ったことのあるただ一人の偉人」だと言った。会えたかもしれないいろいろな偉人のなかの一人だと言っているのではない。偉人というものの唯一の形をスピノザを読むラニョーのなかに実際に見た、と言っているのである。親方について同じことを言うトンカツ屋がいたところで、少しも不思議ではない。

このような形の人間の継承があり、歴史のなかに参入していく一種の約束がある。

人に〈立派さ〉がやって来るのはなぜか

習得への欲求をそそるあらゆる技が、立派さに関係するわけではもちろんない。スリとか金庫破りの技は、それがそそる習得欲がどんなに激しくても、たぶん立派さには関係しないだろう。トンカツを揚げる技が、立派さに関係するとすれば、美味いトンカツを安く食わせるという、その技の目的が、人々に向かって本来的に開かれた性質を持っているためにほかならない。おやじは代金をもらうが、客の代金はおやじの技が生きる手段であって、目的ではない。目的は、客なのだ。あるいは、客としてやって来る可能性のある無数の他人であり、〈人様〉である。ここがスリとは違う。

つまり、この技を磨く目的のなかには、初めから倫理的なものがある。この技を組織し、向上させる力のなかには、初めから倫理的な欲求が含まれていると言ってもよい。その欲求は、いつも意識されているわけではないが、それによってこそ磨くことのできる技がある。そういう技は、時として異常な地点まで向上するが、決して偏執的にも奇矯にもならない。それはその目的の本来的に開かれた性質に因るだろう。

従って、その技を習得したい、その技の持ち主を模倣し、彼に類似したい、という欲求のなかには、その技の持ち主から感染するように伝わってきた倫理への欲求が溶け込んでいる。こうした場合には、類似したいという欲求は、すでに何らかの度合における類似であらざるを得なくなっている。それは、あたかも倫理へのひとつの欲求が、ある特定の技を媒体にしてさまざまな人間たちの間に感染し、自己を拡張していくことを目論んでいるかのようである。

社会や共同体の成立に対して進んで義務を負おうとする態度は、すでに立派なものである。しかし、この立派さは、それを示す人に強く結びついた魅力のようなものにはなっていない。それは、まだ一般的な徳であるにとどまっているだろう。この徳が、ある人間の魅力と結びついた固有の〈立派さ〉となるためには、倫理へのひとつの欲求が、義務の観念を超えて、やって来なくてはならない。

義務の観念は、特定の社会や共同体を対象にしてこそ生まれるが、この欲求は正確に言えば具体的な対象を持っていない。そうであるからこそ、この欲求は、特定の技を捕らえて、その習練の過程のなかに入り込むのだと言える。欲求の対象は、初めは技の習得そのものであるかのように見える。ひたすらトンカツを上手く揚げたいがために、おやじは習練を積んできたかに見える。だが、ほんとうはそうではない。

技を磨こうとする意欲は、ただ技それ自身のためにだけ、がむしゃらに起こってくるのではない。それだけでは、技への意欲はこれほどまでに長続きしない。ほんとうは、技の習練の過程に入り込んで生き延びるひとつの欲求があり、この欲求は、ただ万人に対して倫理的たらんとする以外の具体的対象を、目標物を持っていない。おやじの技にとって、この万人とはすなわち客であり、軽んずべからざる〈人様〉のことである。

おやじからこの欲求を受け継がなかった弟子は、技の習練にすぐ飽きてしまうだろう。どこかで独立して、生活のためにつまらぬトンカツ屋をやっているだろう。反対に、この欲求に感染した弟子は、技の習練に飽きないだけでなく、習練を通して彼固有の〈立派さ〉を身のうちに宿してしまうことになる。つまり、彼は真に自立した職人となる。親方もそれを認める。二人の弟子を分けるものは何か。彼らも親方も、このことには、ほとんど気付いていないかも知れない。まさかと思うかも知れない。だが実は、二人の弟子を分けるものは、社会や共同体を超える開かれた倫理への欲求である。よく観察してみれば、そのことはすぐ明らかになる。

何が感情を制するのか

社会や共同体は、人間にとって不可欠だというよりも、人間はそのなかにしか生まれてこないものである。この事情は普遍的であり、したがって社会や共同体の成立に対して進んで義務を負おうとする態度は、その普遍性によって、また矛盾のなさによって、あらゆるタイプの利己主義や快楽主義に勝るのである。義務は感情のなかにあるものではない。社会や共同体の成立に対する判断や意志のなかにだけ姿を現わす。義務の領域では、為さねばならないと判断されるが故に、まず為さねばならない。好きだから、気持ちがいいからするのではない。そんな理由ですることが、義務を果たすことに優先されるなら、それは人間に対して基本的な矛盾を犯すことになる。

しかし、ある人々は言うだろう。理屈はそうであっても、現実には判断や意志が感情に勝つという保証はない。感情に勝つのは、たいていは隠然たる社会の圧力であって判断や意志といったものではない。社会や共同体に対して負う義務が、自分だけいい思いをしたいという感情を制して私たちを動かすことがあるとすれば、それは、その感情よりももっと強い感情が、義務に結びついて働く時ではないか。村や国家や民族のために身を粉にして働き、死ぬ人間はそうやって生まれてくるのだと。

まったく、その通りである。けれども、義務への意志が、こうした感情、つまり祖国愛や民族愛の助けで利己主義、快楽主義に打ち勝った場合には、義務はいつも不完全にしか果たされないだろう。なぜなら、民族と民族、国家と国家とは、それぞれが激しい感情によって支えられるほど、互いを激しく憎み合うからである。自国を愛する者は、他国を愛する他国人の気持ちをよく理解する、というのは、「最大多数の最大幸福」に似た考えであり、国家を単位とした功利主義の言い分を出ない。現実に、戦争は続き、憎しみが消えることはない。これでは、社会や共同体の成立に対して負う義務は、普遍的なものにはならないだろう。祖国愛は社会の圧力と合流して、閉じられた集団の防衛本能のようなものになるほかない。

実際には、こうした義務が、感情に打ち勝つのは、義務の判断が、あらゆる感情よりも強い倫理の欲求に浸され、なまなましい力を得る時である。この欲求は、さまざまな感情のひとつではない。むしろ、あらゆる感情に逆らって働く力であり、それは社会や共同体を超えたどこか遠いところからやって来る。人間に群れを作らせ、社会や共同体を作らせる自然のどこかに、こうした力が在ることを認めなくてはならない。

人間社会を形成するもののなかには、自然のなかにはない要素が確かにある。言語がそうであり、さまざまな記号機能が、貨幣価値がそうである。こうしたものの作動によって、人間社会は自然の摂理からは決して説明のつかない奇怪な変動をきたす。けれども、人間という生物に社会を作らせようとする根本のものは、自然よりほかにはないだろう。自然が人間に群れを作らせるために与えたものは、本能ではなく、知性だった。この知性が集団よりは個体の行動に適した出来のものであることは、疑いない。それでも知性は何とか努力して、共同体の維持につとめる。法律、道徳、神話はこうして発明される。けれども、これだけでは不充分なのだ。

共同体に向かっての知性の活動全体に染み透るような倫理への根源の欲求が、自然そのものによって植え付けられていなくてはならない。そうでなければ、人間社会は、つまり人間そのものは、自滅してしまうだろう。自然はそれを植え付けたのである。ただし、そうした欲求が私たちの社会に直接流れ込むことは、ごく稀にしかない。人類全体のうちのごくわずかな人間だけが、それの原液を直接に飲んでしまう。けれどもまた、私たちは知っている。私たちの身近で磨かれる無数の技術が、倫理への隠れたひとつの欲求によって強く、深く動かされて組織されることがあるのを。日常のこうした技術がなかったら、私たちの社会はもっとはるかにすさんだものになっているに違いない。

学校の規則か友達との約束か

約束を守るには、二つの仕方がある。ひとつは、義務についての判断から。もうひとつは、倫理への欲求から。

深夜、車一台走らない横断歩道で、誰も見ていないのにじっと青信号を待っている人がいる。この律儀さは、微笑をもって迎えられてよいが、やっぱり子供じみたものだろう。確かに交通ルールは、それに従いますという約束が守られなかったら、書かれた文章に過ぎない。守られるべきは、交通ルールというよりは、この約束なのである。約束はルールと交わすものではない、人と交わすものだ。社会や共同体の成立に対して義務を負う者どうしが自由意志で交わす。だから、義務を負おうとしない人間には、約束を守る必要は生まれてきようがない。

学校の規則はことごとく破るのに、友達との約束はきちんと守る子がいる。こういう子は、大変見込みがある。彼は、友達と作っている共同体の成立に、自分が義務を負うべきことを知っているのである。学校の成立など知ったことではない。これとは逆に、学校の規則は律儀に守るのに、友達との約束を忘れたり、平気で取り消したりする子がいる。こういう子は、社会の圧力には敏感だが、自分から義務を負う心は少しも育っていないのである。大人になりかかっているのは、校則を破る子のほうだろう。この子にこそ、社会の成立に対して負うべき義務について、はっきりと説く意味がある。

学校の先生には、自分が勤める学校の成立について負うべき義務があるだろう。生徒に校則を守らせる責任は、先生のほうにある。生徒は、ただ社会の圧力に押されて校則を守るだけでよい。校則は守れ、先生の言葉もこれだけでよい。生徒は守ったり、守らなかったりする。それでよい。だが、先生ははっきりと教えなくてはならない。社会の成立に対して生徒自身が今後一人で負っていく義務が、どんなものであるかを。友達との約束は、なぜ守らなくてはならないかを。

相手次第で、約束は守ったり、守らなかったりする。大切だと思う友達なら約束の場所には時間通りに駆けつけ、どうでもいいと思っている相手との待ち合わせは、ほんとうにどうでもいいことにする。子供がこんな行動を取って恥じないことこそ、教育の最大の破綻ではないか。授業中歩き回ったり、騒いだりする子は、ただもう叱りつけておとなしくさせればよい。おとなしくならないのは、そういうことよりずっと以前の根っこが植え付けられていないからだ。根っこはどこにあるか？　約束を守ることにある。約束を守ることが、人が社会に対して負う最初で、そして究極の義務になる。そのことがまず、誰かによって植え付けられていなくてはならない。誰によってだろう。もちろん、そのことを体現する大人をおいてほかにない。

こうして子供が見出す約束は、彼が生きる社会を拡げていくにつれ、複雑で大きなものになる。約束と約束との関係は入り組んで、時として判断しがたい諸階層を作っていくだろう。けれども、基本は何ひとつ変わるところはない。いったん交わした約束を必ず守ることである。守らなければ相手が傷つくとか、気の毒だとか、それが優しさだとか、そういった感情的理由によってではない。社会や共同体の成立に対して自分が義務を負っているから、負って生きることを選んだからである。

これが、約束を守る第一の仕方になるだろう。これは、結局私たちが共同体を維持して生きていくやり方の根本に関わっている。ここで一番重要なものは、義務の観念だが、この義務はまず共同体の成立に対して負われるものだから、共同体が異なれば、いくつもの義務が互いに対立し合うこともある。義務を負うことそのものは普遍的であっても、義務を負うべき対象はそうではない。

たとえば、山鹿素行は、「武士道」を社会全体の成立に対して進んで義務を負う者の普遍的態度とするところまで考え詰めた。彼によれば、百姓は土地を耕し、職人は器物を作り、商人は生活に必要な物品の交易に携わる。彼らの仕事が社会に益することは、明らかである。その職分が、生存の理由が明らかでないのは、武士だけだ。職分もなく、食って用を足しているだけでは、遊民と呼ばれるべきであろう。武士には、職分がない。ないが故に、それを探し求めて得るのが、武士なのである。素行の考えでは、武士の職分は、進んで人倫の道を行ない、行なうに足る学問をし、邪悪を誅する武芸に励み、「以テ天下ニ天倫ノ正シキヲ待ツ」（『山鹿語類』巻第二十一）、このことよりほかにはない。また、武士よりほかに、このことを社会から強いられている者はない。

百姓も職人も商人も、彼らの職分を通して社会の成立に立派に役立っている。彼らにそれ以上の義務はない。あるのは、穀潰しの武士だけである。しかし、社会に対するそれ以上の義務とは何か。それ以上の責任とは何か。考え詰めるほどに、それは説き難い。説き難いが、それは明らかにされ、実行されなくてはならない。こうして素行の職分論は、義務を負うべき現実の共同体を踏み破る「天倫」論まで行った。幕府にとって、これは危険思想にほかならない。

赤穂事件で名を馳せた大石内蔵助は、素行に傾倒していた。この事件で大石が取った行動は、太平の世の武士の職分とは何か、という問いに激しく揺さぶられたものだった。重要なのは浅野の殿様でもない、将軍の治世でもない。「天下」に待つべき「天倫」である。それは、どこにあるか。この時、「天下」はもはや単なる共同体でも、社会でもない。といって、徳川の治世の外にあるものでもない。外に出れば、武士はいないのだ。大石は「天倫」を示して、処罰に服する道を選んだ。その二つともが同時に、社会に対する義務であったから。武士が社会に生きるのは、こうまで厄介なことになった。ここで明るみに出された一種の矛盾は、赤穂事件の核心を成していて、「忠臣蔵」という芝居を今でもたいそう面白くしている。

国家戦略こそ第一である、という人がいる。こういう人の考えでは、国家という共同体の成立に対して負う義務こそ最終のものであり、最終である以上、義務の普遍性は国家の内部で停止されてよい。国家を超えて負う義務も、道徳もほんとうはない。人道主義的な国際法は絵に描いた餅であるか、さもなければ、国家間の利害を調停する手段に過ぎない。そんな意見になる。

この意見は、ある面では正しいと言える。しかし、道徳を、社会や共同体の成立に対する義務の観点から、ただそこからだけ思い詰めるなら、山鹿素行が行き当たった矛盾が必ず現われる。現われないのは、思い詰めないせいである。共同体を人類全体にまで拡大して考えればいいではないかと言う人がいるだろう。ただ考えることならできる。だが、実際には、人類全体がその成立に進んで義務を負おうとするようなひとつの共同体は存在していない。そのような共同体が、いつか成立するだろうか？　火星人のようなのが大挙して地球を攻撃して来る、というようなことにでもなれば、案外あっさりと成立するかも知れない。ひとつの共同体は、他の共同体との対立や競合を介してなら容易に成立する。介さなければ、ほとんど不可能に近い。国家戦略第一主義は、この点では的を射ているだろう。

国家を拡げれば自動的に人類になる、と考えるのはなるほど間違っている。国家は国家間の対立や競合によって成り立っている現実の共同体だが、人類は、ある時期に人が達したひとつの観念であり、思想である。この到達には、一種の精神的跳躍が要った。ベルクソンは、歴史のなかに「人類」という思想が正確に現われて来るのは、福音書以降のことだと言う。たとえば、古代ギリシアの哲人が考えていた「人間」のなかには、都市国家の奴隷は含まれていなかった。このことは、驚くにはあたらない。家族、村、都市国家から最も巨大な近代国家にいたるまで、共同体は他の共同体と対立することなしには成り立たない。「人類」という思想は、言わば現実のありとあらゆる人間を超えていくことによってだけ達することができる。この運動は、実際のところ滅多には訪れない（『道徳と宗教の二源泉』）。

けれども、私たちは、すでに考えて来ている。社会や共同体の成立に対する義務とは別に、ある種の約束が交わされうることを。その約束は、しばしば人間全体に対して開かれたひとつの技の習得、伝達のなかで黙々と為される。このような形態の〈人間の継承〉が、歴史を貫いて存在する。約束を守る第二の仕方がここにある。ここでは、約束が守られるのは、一種の深い欲求によってであり、欲求はいつも誰かが誰かに類似したいという強い願望と交じり合っている。この欲求は、一人一人に備わっているような感情ではない、そうした諸感情に逆行して進むひとつの力そのものであり、共同体とは無関係に普遍的に働く倫理の原液である。

誰かが誰かに類似したいという、この大変個人的に見える願望が、普遍的な倫理への欲求に難なく結びつき、交じり合う。どんなに巨大な国家、広汎な共同体への義務といえども、その義務が他の国家、他の共同体への義務と対立することで成り立つ限り、閉じられた性質を持っている。個人が個人に類似したいという願望の本質は、他の何とも対立しない。弟子は師匠と秘密結社が作りたいのではない。師匠のごとく、万人に開かれた技をもって一人立ちしたいのである。その願望に絡みつくいろいろな思惑や感情があるにせよ、そんなものはみなまったく余計なものだろう。

こうした技が、普遍的な倫理への欲求と根底で結び付いているのには、それなりのわけがある。この技が持っている普遍性は、この技が組織され、磨かれる上での第一の条件である。この条件を正確に導き入れようと努めるそのところに、倫理の原液は吸い上げられて来る。こうした技が必要とする普遍性は、倫理そのものが持つ普遍性と初めから同じものだ。技は万人に通用するものでなくてはならない。そして〈万人に通用する〉、という その意味の根底にあるものは、実は倫理である。

約束を守る二つの仕方の間には、どんな関係があるだろうか。約束を守る第一の仕方は、義務を果たすことにある。果たすべき義務を負うことは、義務についての意志や判断によるが、実際にその義務を果たす上で私たちの心を鼓舞するものは、普遍的な倫理への欲求しかない。個々人のなかにこの欲求を送り込むことなしには、義務についてのどんな教育も功を奏さないだろう。けれども、あらゆる義務は共同体の成立に対する義務であり、その限りにおいて、約束を守ることが普遍的な倫理と完全に一致することはない。第二の仕方では、約束を守ることは、普遍的な倫理の反復される創造そのもののようにして為されていく。このようなことが、実際には私たちの身近で絶えず起こっているのだが、私たちはこのことの重要さにほとんど気付いていないのである。

第四章——宗教にはどう対するか

マインドコントロール

この世には、科学や哲学や芸術の名を借りた大がかりな詐欺が渦巻いているのだから、宗教の名を借りた詐欺が横行することに特に脅威を感じる理由はないのかも知れない。ただ、宗教をかたる詐欺の特徴は、やたらに組織を拡げ、人心支配の欲望に憑かれ、政治に直接食い込みたがるところにある。あるいは、その傾向が大そう露骨なところにある。そこが危険であり、迷惑この上ないのである。

詐欺は、それに引っかかる人間がいなければ成り立ちようがない。だから、被害者が時に共犯者の役割を果たしているように見えるのは、どうもいたしかたない。宗教をかたる詐欺では、特にそうである。ここでは、騙《だま》している人間の行動より、騙されている人間の心のほうがはるかに厄介なものになっている。騙している連中は、単なる詐欺師だろう。騙されているほうは、単なるお人よしではない。この人の心のなかで初めに燃え上がったものは、明らかに宗教的な情動である。燃え上がる情動の火種がなければ、誰もこの人をこんなふうに騙せはしない。また、この人をこんなふうに騙せたということが、詐欺師の心境をだんだんと変化させる。やがて、どっちが主犯だかわからなくなる。

以前、ある宗教団体の大規模な詐欺容疑をマスコミが取り上げていた頃、「マインドコントロール」という言葉が流行った。それ以後、この言葉は世間に定着したようである。便利だから定着したのであろう。しかし、こういう観点は心理療法には有効かも知れないが、起こっている事態を見極めるには、大ざっぱすぎるように私には思える。

人間の集団がその機能をうまく発揮するには、多かれ少なかれ集団内で共有された幻想が要る。この幻想は、人間固有の記号作用で組織されていて、他の動物にはない無数の欲望を生産する。資本主義は、こうした欲望の生産を飽和点まで押し上げては、自動的に引き下げさせる最も強力な幻想システムである。そう考えるなら、マインドコントロールは、事実上、人間集団の常態にほかならないだろう。金や学歴や出世に対するやみくもな欲望は、みなこれに因るとも言える。ただし、こうした欲望の生産は、通常は誰が意図して行なっているのでもない。社会のシステムが自動的に働くことで引き起こされてくる。誰かある人間、もしくは人間グループが、このシステムを集団支配の意図のもとに変形、操作することを企めばファシズムが出現する。大がかりな宗教犯罪は、むろんこのファシズムに類似してくる。

人が徹底してものを考えるとは、こうした幻想システムの外に出て、ものを視ようとすることだろう。いっさいのマインドコントロールの外に立とうとすること、ほんとうの思考はこれを決行するところからしか始まらない。そんなことが果たして可能だろうか、など疑っていることは思考することではない。思考は、そのことを行なおうとまず意志するところから始まるのだから。

デカルトはラ・フレーシュ学院を卒業する時、学校が教えるすべての学問、社会に流布するあやふやなすべての教養と手を切る決心をした。ヨーロッパ各地を一人で遍歴しながら、時には傭兵となって戦場を駆け回ったりしながら、あらゆる幻想システムの外に自分を置くこと、そこに自分が〈在ること〉を習練し続けた。それが、「我思う、故に我在り」の意味である。

だが、その決心は一体何のためにするのか。純粋な思弁のためにか。この純粋な思弁、という作業ほど幻想システムの作用に丸め込まれやすいものはない。デカルトは、自分の思考を自然世界の有用な関係づけのために用いようとした。そうでなければ、思考は幻想システムの外で普遍的な支えをなくす。「有用な」とは、この場合、万人の生活のために永久に役立つ、という意味である。彼の幾何学、気象学、屈折光学などはみな、そうした思考の徹底して新しい実践のために作り出された。こうした彼の行動そのものは、近代合理主義などとは関係がない。

けれども、幻想システムの外に立つことは、こうした行動以外にもありうるだろう。たとえば、イエスや仏陀の行動は、そういうものではなかったか。本来、宗教的情動とは、共同体のマインドコントロールの外に一挙に出るものである。また、出よと万人に呼びかけてくるものである。ここには、情動と同時に極度に強い一種の覚醒がある。

何を宗教と認めるか

騙される側に宗教的情動の火種がなかったら、宗教詐欺は成り立たない。詐欺師の口上は、その情動と初めから無関係だが、火種を燃え上がらせて利用する手管だけはよく心得ている。これは、結婚詐欺師が相手の性欲に働きかけるやり口と似ているようにも見えるが、性欲と宗教的情動との間には、またずいぶんと大きな違いがあるだろう。性欲があることも、それがある理由も、考えなくてもわかる。宗教的情動の存在は、騙すほうにとっても、騙されるほうにとってもほんとうは不可解なままではないのか。それがなぜあるのか、それが変質してどんなにとほうもない邪悪や狂気を生み出すか、どちらも知らないままでいる。知らないままで、どちらも狂乱の渦に呑み込まれる。

宗教詐欺に取り込まれた人たちは、確かに愚かなマインドコントロールの虜になっているのだが、このコントロールを解除すればどうなるのか。もとにあった共同体の幻想システムに戻るだけのことかも知れない。受験だ昇進だと騒いでいたあのもとの平坦な世界に。夢から醒めれば、また別の夢が続いている。しかし、考えてみなくてはならない。この人たちを駆り立てて日常世界の外に飛び出させた宗教的情動は、夢ではない。それが夢ではなかったがために、マインドコントロールが解けた後も、この人たちは密かに苦しむのである。むろんマスコミは、もうそんなことには興味を示さない。新たな詐欺を追いかけている。

しかし、こう言えば、宗教詐欺を営んでいる者たちは内心こっそり言うかも知れない。俺たちのことを詐欺師だ何だと言うが、一体この世で宗教団体を運営している連中のどこからどこまでが詐欺師でないのか言ってくれ。奴らが世界中で信じさせようとしてきた話の荒唐無稽は、太古の昔から今日まで少しも変わりがない。まるで人間の歴史のなかには、哲学の認識批判も、科学の実証精神もなかったかのようなありさまが、平気で続いているではないか。なぜ俺たちだけが、その荒唐無稽を非難される。俺たちは、世界宗教が垂れ流してくれたもののおこぼれにあずかっただけなのだ。もっとうまくやりおおせれば、俺たちがでっち上げた話は、いまに世界宗教のひとつになるだろう。

詐欺師の言い分は、なかなかもっともに聞こえる。実際、これまで歴史のなかで宗教と称するものが人々に推奨してきたとんでもない犯罪、不道徳はいくらもある。また、いろいろな宗教がいまだに述べ立てている天地創造だの、死後の世界だのに関する物語を何と考えたらいいのか。ああしたものを信じさせることが、信者の救いだと言うのなら、古来どんな宗教も人間の頭脳を麻痺させてはたらく詐欺だということになる。

けれども、こういう居直った意見は、宗教にまつわるいろいろな歴史的要素を、自分勝手にごたまぜにしたところから出てくる。現代においてもろもろの詐欺が存在する理由と人類と共に宗教が存在してきた理由とはまったく違う。詐欺の目的は、社会の幻想システムを利用して詐欺師個人が利益を得るところにある。宗教、芸術、科学、政治、その他どんな外見を纏おうと、詐欺師のすることはいつも同じであり、それらの手口や結果は実に見えすいた類似を示している。結局は、多くの人間が財産を巻き上げられ、誰かが金持ちになる、それだけのことだ。

現代の宗教詐欺は、騙された人たちを救っているだろうか。絶対にそんなことはない。騙された人たちは、ただ自分のなかに沸騰してきた宗教的情動の始末に苦しみ、その始末を詐欺師に求めている。この情動は、社会の外に飛び出す一種の強い歓喜のような衝撃を与えるから、詐欺師はこれらの人たちに何か驚くべき救いをもたらしたかのように見える。だが、この情動は最初からこれらの人たちのなかにあって、その出現の機をうかがっていただけのことだろう。宗教的なものは、まさに騙されるこれらの人たちのなかを貫いて有った。そのことを見落としてはいけない。

これらの人たちが騙されたのは、宗教的情動があんまり強過ぎたからだろうか。決してそうではない。それどころか、彼らを詐欺師の餌食としたものは、彼らが掻き立てられた情動のひ弱さである。彼らの情動は、ほんとうの宗教的情動が〈歓喜〉と共に持つべきもうひとつの特徴を備えるに至らなかった。その特徴とは、共同体の幻想システムからの極度の〈覚醒〉にほかならない。この覚醒こそが、宗教的情動に駆り立てられた人々を自立した信仰に向かわせるのだ。ボリナージュの炭鉱に赴いたゴッホは、たった一人だった。どんな教会組織も神学も彼を従わせることはできなかった。彼は誰よりも歓喜に満ち、誰よりも覚醒した一人の宗教者だった。

人間にだけ、なぜ宗教があるのか

ところで、ベルクソンは、人類と共に宗教が存在してきた理由を非常に明晰に説明している。彼によれば、哲学も芸術も科学も持たない人間社会が、かつても今もあることは容易に想定できる。けれども、宗教を持たない社会というものは、どこにもあったためしがない。なぜなら、宗教こそは、人間社会が本能なしで、つまり知性だけでやっていくための防護装置だからである。

蟻が何を考えているかはわからぬが、その行動を見ていれば、蟻の集団が宗教めいた儀式や神話で動いているようには見えない。蟻だけではない。人間以外のあらゆる生物が、そうである。どうやら、宗教的な幻像を持って行動するのは、人間に限られる。ベルクソンの考えでは、生命の領域は本能という自然機能によっていったん完成を見ている。完成の先端にあるのは、蟻や蜂のような膜翅《まくしるい》類であって、ここでは一匹一匹は、集団全体をひとつの身体としたたくさんの細胞のように互いに連関して無駄も誤りもなく働く。けれども、生命の領域は進化の途上で本能とは異なるもう一本の機能の線を、つまり知性を分化させている。この分化が、生命の領域そのものに一種の攪乱を引き起こした。

知性的傾向を押し進めて生じたのは複雑な神経系を持った脊椎動物であり、人間はその先端にいる。知性的傾向の特徴とは何だろうか。それは、各個体が独立した神経系を持ち、それによって過去の経験を現在の行動のために利用できるようになることである。知性的傾向を持った動物の特徴は、自分の記憶の前で躊躇し、未来の行動を選択することだと言ってもよい。要するに、知性は個体が行動するための能力にほかならない。自然のなかの攪乱がここに生じる。

生命の領域は、その全体がさまざまなブロックを成して活動している。生物上の個体はそのブロックのなかで分岐してきた要素であり、そのなかでだけ生を得ることができる。実際、蜜蜂は蜂の巣を離れると衰弱して死ぬ。人間にしたってこのことに変わりはない。社会と切り離された個人というものは、出来上がった人間社会から抽出できるひとつの観念に過ぎない。社会から無視され、疎んじられた個人が陥るさまざまな病的状態は、蜂の巣から離れた蜜蜂の衰弱に比較できる。社会的個人以外に個人というものはないだろう。にもかかわらず、知性動物の先端に位置する人間は、個体として行動する能力を極限まで伸張させ、本能的傾向をほとんど眠らせてしまった。

本能は集団のために働き、知性は個体のために働く。生命の領域がブロックを成して活動するものである以上、その活動が安定するのは本能によってである。自然はなぜ、この安定をみずから崩してまで、もうひとつの傾向を生命のなかに分化させてきたのか。この疑問はしばらくおくとしても、本能が集団に対して果たしてきた役割は、人間においては何らかの仕方で知性が代行しなければならない。私たちの本能は、それほどまでに衰退している。種の本能が、誤りなく、自動的に、即座に果たしてきた集団調整機能を、個体の能力である知性はどんなふうにして代行できるだろうか。

知性による観察も推理も達することのできない集団調整(たとえば、生殖に関しての)を、本能は即座に行なう。知性がこの調整を行なうとすれば、知性は見えないものを見えるかのように、知りえないものを知りうるかのように振る舞わなくてはならないだろう。人間の知性が、宗教上のさまざまな幻像をあえて生み出すのは、そのためである。ベルクソンは、知性がこうした幻像を生み出す働きを「仮構機能」と呼んでいる。死後の世界や転生の物語を、言葉や絵図で仮構するものは人間の知性しかない。人間の知性だけが、ぜひともそのことを必要とした。したがって、こうした「仮構機能」は単に一般的な想像力のことではなくて、人間の社会が本能に代わって必要とする集団調整機能である。この機能を、知性は知性自身に抗して、理不尽を承知で引き受ける羽目になった。

仮構機能の役割

仮構機能が与える幻像、たとえば地獄極楽の図や話なんかはそうだが、これが人間の心に引き起こさせる一種のブレーキの力は、本能の代わりをする。人間社会にあるさまざまな禁止は、初めは慣習として現われる。禁止する慣習の総体がなければ、人間の知性社会は社会たりえないだろう。この総体は、そのまま道徳の範囲を示している。それらの慣習のなかで、明確な利害関係が見通せ、言語によって規定できるものはやがて法律になる。けれども、この禁止する慣習の総体を、知性はどうやって見出し、固定したのだろう。

動物の群れは、本能によってこの禁止の総体を演じている。本能は何ものも見出さないが、誤ることなく必要なすべてを演じる。個体の生存能力である知性は、非常に不安定な試行錯誤を通して禁止のあれこれを見出していったに違いない。その間には、禁止する必要のないものが禁止されることも、またその逆もあっただろう。いずれにせよ、禁止する人の背後にあるものは社会であり、社会を必要とする自然である。禁止の諸項目を見出すのは、知性の不安定な試行錯誤だっただろうが、これを固定し、慣習とし、知性の反抗を萎えさせるまでにしたものは仮構機能である。

仮構がなければ、知性は社会の絆を少しずつ至る所で解体させていく。法律が定める刑罰は、決してこの解体を土台から食い止めることはできない。なぜなら、社会の解体は、あらゆる成員の知性によって見えない内部から絶えず着々と推し進められていって、いつか社会は白蟻に食い尽くされた家みたいに瓦解するだろうから。禁止の全体に深く不断に浸透して、知性の浸食から社会を守る何ものかが要る。知性が社会の屋台骨に食いつけば、これを苦いと感じさせるような防護薬が、屋台骨のすみずみまで染み透っていなくてはならない。仮構機能が作り出すのは、このような薬としての宗教である。

しかし、宗教は知性に苦味ばかりを与える薬なのではない。本来、人間の知性には、生きているだけですでに味わわずにはいられない苦味というものがある。それは、死の観念である。自分が死ぬことを知っている動物は、人間以外にない。人間の知性だけが、周囲に起こるあらゆる生物の死から推し量って死の観念を作り出すことができた。自分だけ例外になることは絶対に不可能な死というものがある。個体の生存能力である知性が、その能力の結果として不幸にも生み出してしまったこの観念は、生きていく上で何の役に立つのだろう。意気消沈させる以外、何の役にも立たないではないか。だから、いかに知性が発達していようと、猿も犬も馬も豚もこんな余計な観念は持とうとしない。持っているかのように見えるのは、人間の勝手な想像による。

人間の知性が作り出す死の観念は、知性動物が個体として生きていく上で限りなく不要であり、かつどうにもならず厄介なものである。この観念が個体にもたらす意気消沈を真っ向から食い止められるものは、取りあえずは仮構機能しかない。それが作り出す死後の世界の幻像しかないと言える。この幻像は、今度は甘味を持っている。宗教の仮構は、社会の屋台骨を食う勝手な知性に対しては苦味を与え、死の観念から意気消沈する知性に対しては甘味を与える。

宗教が作る死後の世界の幻像は、個体を励ますだけではない。社会そのものを力づけ、独特の秩序をもたらす。なぜなら、このような幻像を持った社会は、いつでも死者たちの領域と共に活動することになるからである。あの世に行って先祖から誉められることや、子孫から拝んでもらうことを本気で望む人々は、私たちの社会で格別に迷信深い人々ではない。普通の人間であろう。充分に知性的に振る舞い、社会で冷静な働きをする人々であろう。知性の仮構機能が作り出す幻像は、生命の領域が社会に対して、さらに社会が個体の知性に対して真に必要とするものである限り、人間を破壊しない。欺きもしない。

宗教のもうひとつの源泉

模索したり反省したりするのは、人間だけである。病気や死の不安に付きまとわれているのも人間だけである。犬だって猫だって病気もし、死にもするわけだが、彼らはそのことを風にしなう樹木のごとく少しも気にかけていない。彼らが寝そべってくつろぐ束の間の時は、まるで永遠のように流れていく。こうしたやすらぎは、自然が生命の領域で獲得した平衡そのものだと言える。この平衡が、人間という知性動物では絶えず危機にさらされる。犬や猫は、知性の発達した脊椎動物だが、彼らの知性はまだ本能から完全な分化を遂げるには至っていない。完全な分化を遂げてしまったのは、人間の場合だけであり、人間の知性が用いる言語や記号は、こうした分化の明らかなしるしだろう。

本能からすっかり分離してしまった知性は、生命の領域に独特の錯乱や不均衡をもたらす。それは自然自身が、みずからの上に招いた結果にほかならない。この知性が用いる言語は、人間に死の観念まで与えた。言語は、知性の発明によるものだろうか。おそらく、そうとは言えまい。本能から完全に分化した知性を自然が産み落としたその地点に、言語は人間の知性と共にすでに存在していたのではないだろうか。少なくとも、私はそう考えている。

ともあれ、言語や記号によって失われた生の均衡は、言語や記号によって取り戻されるしかない。仮構機能が人間に視させる幻像は、単にぼんやりと眺められるイメージでは決してない。この幻像は、行動に結びついている。それはあたかも、動物にとっての何かの匂いが、自動的に何かの行動を身体のなかに下描きするように、私たちの心のなかにある行動を下描きする。その行動が、人間社会の絆を強める。知性の解体力から社会を守り、知性の不安や意気消沈から知性を守る。それは、生命の領域に再び均衡を確保するための自然の防衛反応である。

言語や記号を用いる知性のあるところには、必ず自然のこの防衛反応があり、仮構機能の働きが、宗教がある。ベルクソンが言うように、こういう仮構によって生じる幻像は、知性以下のものである。しかし、ミルやベンサムのような哲学者が、知性の言葉によってどんなに巧みに功利主義を説いたところで、そういうものでは人間は安心できない。人の行ないには、毒にも薬にもならない。つまり、生の不均衡は少しも緩和されない。知性は知性以下の幻像を引き連れてこそ、やっていける。自然が知性を本能から分化させ、伸張させながら達した生の段階は、そこで停止している。

けれども、ほんとうにそうだろうか。宗教は、いつも知性が引き連れて歩く知性以下の幻像にとどまっているだろうか。決してとどまってはいない。宗教は、知性に対する自然の防衛反応である以外に、もうひとつの源泉を持っている。その源泉から来るものに浸されていなければ、宗教は各民族、各国家、各共同体のなかに分岐して、それぞれの集団の保全を心がけるだけのいくつもの幻像になっているだろう。これらの幻像は、互いに出会えば自分の正しさを主張し、他を排除する。大規模な争いが絶えず起こる。そうしなければ、それぞれが成り立たない。生の不均衡が、またしても引き起こされる。だが、今度は知性によってではない。知性が生の均衡のために引き連れて歩く、知性以下の幻像そのものによってである。

こう考えるなら、自然は知性という方向において、いまだ最終の均衡に達していないとも言える。いや、単に生の均衡を目標とするだけなら、自然は植物の段階で生の領域を完成させてもよかったはずだし、節足動物の本能はすでに贅沢過ぎるものだろう。たぶん、「自然の意図」(ベルクソン)のなかには、生命の領域でその安定を超えて生み出したい何ごとかがある。この意味で、自然は何の目的も持たない自動機械ではない。たとえば、芸術家は何らかの意図をもって制作する。彼は自分が何に向かい、何を作り出そうとしているのか、はっきりとはわからない。しかし、彼の制作にはいつも語り難い意図が、目的があり、それが彼の手を動かしていく。彼の制作は、たぶん自然が生命体を産むやり方に最も近いものだろう。そこから分化してきたと言ってもいいものだろう。意図のない制作はない。

そしてもし、自然の仕事がこの世界のあらゆる制作の根底なら、「自然の意図」もまた、存在するあらゆる意図のなかで最も大きなものだろう。「自然の意図」という言葉は、むろんひとつの比喩だが、この比喩は大きな問題を示唆する。

本能の安定を超えて生み出したいものが、自然にはあり、その意図が知性の分化を推し進めたとしよう。知性社会の安定は仮構機能が何とか引き受けた。けれども、この安定は知性の分化が推し進められたことの目的ではない。生の安定が目的なら、知性の分化は余計なことである。自然の意図は別にある。それは何か。

「特権的な魂」がある

仮構機能によって作られる宗教は、共同体の結合、安定を保証する。このような宗教は、知性に抗する自然の防衛反応である。けれども、自然はみずからの意図を言わば表現するようなもうひとつの宗教を生んでいる。いや、宗教をと言うよりは、幾人かの特権的な魂の持ち主を生んでいる。世界宗教の創始者と呼ばれるごく少数の人々は、そのうちの最も典型的な人々に当たる。彼らのような人間が、どのようにして生まれてきたのか、私たちにはよくわからない。私たちに言えることはただ、彼らの言動のなかには、共同体の絆を強めるような仮構機能の働きは、一切見当たらないということである。彼らの行ないは、宗教というもののもうひとつの源泉を直接に現わしている。

たとえば、予言者モーセとイエスとの違いを考えてみよう。モーセが語ったことのなかには、彼が「自然の意図」によって付与されていた特権的な魂の徴《しるし》が至るところに見出される。だがそれと同時に、彼の言葉が発揮してやまない強力な仮構機能は、特定の共同体の結合に向けられたものであり、一民族の宗教を固定して作り出すものである。これに対して、イエスの言動は、何ものも仮構しない。物語らない。彼の言動はすべてイエスという、一人の特権的な魂の存在に、その躍動に帰着するだけだ。

イエスは、もちろん旧約の物語や律法に従っている。しかし、それは彼が生まれた土地にすでに存続してきた宗教、仮構機能による共同体の宗教を、特に否定する必要がなかったからである。ベルクソンはこうしたものを「静的宗教」と呼んだ。ここにあるのは、書かれた掟であり、「戒め」であり、伝承される固定した物語でしかない。静的宗教の目的は、知性の解体力から共同体を守ることにあり、その本質は、要するに知性による勝手な振る舞いの禁止にあると言える。モーセの「十誡」は、そうした禁止の根底をあらわに述べた言葉だろう。イエスは、現にある静的宗教を決して否定しなかった。ただ、彼はその内側に乗り移って、それを一挙に「動的宗教」へと振り向け、変質させたのである。

「律法学者」がイエスを試そうとして、律法のなかの最も重要な掟は何でしょうかと尋ねた。イエスはすぐに答える。それは二つある。ひとつは「心を尽くし、思いを尽くし、知力を尽くして、あなたの神である主を愛せよ」という戒めであり、もうひとつは「あなたの隣人をあなた自身のように愛せよ」という戒めである。この二つだけに、律法の全体がかかっていると。これは、「マタイ」にある一節だが、「ガラテヤ人への手紙」では、律法の全体を要約する言葉はひとつだとされている。「あなたの隣人をあなた自身のように愛せよ」、これだけでよいのだと。静的宗教のもろもろの禁止の言葉が、こうして共同体の外に開かれる。開かれて、それは「戒め」であることをやめる。律法を要約するあの唯一の言葉は、「動的宗教」の魂の表現になる。なぜ、「動的」なのか。ここにあるのは〈愛する〉という運動だけだからである。この愛は、あれこれの対象を持っていない。社会的、物質的なあらゆる障害を突破して開かれていく愛それ自体の純粋な運動だけがある。ベルクソンの有名な「エラン・ヴィタール」(生の飛躍)の説は、結局はこの運動の根源にある力を説明している。

動的宗教と静的宗教との間にある差異は、一体何を表わしているだろうか。ベルクソンの考えはこうである。

自然が生命の領域を作り出したのは、生物学が観察しうるような何らかの定まった方向においてだと考えられる。しかも、その方向は幾つもの線に分化し、生物体のさまざまなブロックに分岐した。これが生物の進化と呼ばれるものだ。進化を推進する力は、生物体のさまざまなブロックを生んだが、これらのブロックは、その力の結果を示すと言うよりは、その停滞や、あるいは挫折さえをも示している。節足動物の本能的な安定は、「自然の意図」にとっては進化の途次に生じた一種の停滞にほかならない。この停滞を打破すべく、自然は知性の方向を分化させ、それを限度まで伸張させた。その限度に人間の知性社会が出現した。が、そこにもまたひとつの停滞が、あるいは挫折が、もしくは危機が引き起こされてくる。静的宗教の存在は、こうした停滞、挫折、危機の存在を言わば裏面から表現するものである。

自然は、この停滞を打破して進む方向をいまのところまだ見出していない。つまり、節足動物の本能からも、人間種の知性からも分化して進む新たな生の機能を作り出していない。もし作り出すことができれば、人間の知性を超える新たな生物種が出現するだろう。だが、そのような生物種は、まだどこにも見当たらない。自然はこの停滞の解決に、たったひとつの応急策を取るしかなかったようである。私たちの間に生まれてきたあの幾人かの特権的な魂の持ち主たちは、そうした生物種に代わるものとして現われた。とりあえずは、人間の姿を取って、知性社会の静的宗教の内側に巧みに入り込みながら。

ということは、彼らがもたらす動的宗教のなかには、何か知性以上の新たな能力が、新たな生の機能が示されているということだろう。また、彼らの行動は、生物を進化の諸線に分化させてきた「自然の意図」が、本来どの方向を目ざしているのかをはっきり指さしているとも言える。静的宗教は、知性による知性以下の言葉、記号によって作られる。これに対して動的宗教は、「エラン・ヴィタール」が達した知性以上の能力によって、つまりは、開かれた〈愛〉それ自体によって、静的宗教のなかに一挙に開かれる。これがベルクソンの考えである。

宗教は倫理に何を付け加えるのか

静的宗教は、人類が言語を用いる知性によって共同体を作った時には、すでに存在していただろう。しかし、この原初の宗教は、共同体の巨大で単純な慣習のようなものとしてあり、この慣習は宗教と道徳とを未分化なままで含んでいたに違いない。二つを分化させたものは、一方では仮構機能の純粋な進展であり、もう一方では共同体の各成員が負う社会的な役割の明確化、分業化である。前者を通して民族の静的宗教が独立し、後者を通して社会が定める義務としての道徳が独立してくることになる。

しかし、このように分化した宗教と道徳とは、分化したあとも同じ必要と同じ目的とを持っている。それは、簡単に言えば、要するに個体の能力である知性のエゴイズムから共同体の結合を守ることである。この結合が溶解、消滅すれば、知性を持った個体ももちろん滅ぶ。道徳が課す義務からの知性の遁走を食い止めるものは、宗教の仮構機能ということになる。こうした道徳は、ひとつの共同体のなかに閉じられた義務の総体であり、同じくこうした宗教は、ひとつの共同体のなかに閉じられた仮構機能の総体である。

動的宗教は、静的宗教が成立したあとに、ある特権的な魂を持つ個人によってもたらされる。動的宗教は、それが生まれた場所に元からあった静的宗教のなかへ入り込み、その仮構を用い、その言葉を利用しながら、それらの意味も存在理由も一変させる。静的宗教の内側では、知性による知性以下の幻像であったものを、動的宗教はしばしば驚くほど簡明な幾つかの言葉に送り返してしまう。が、それらの簡明な言葉を導く力のなかには、明らかに知性以上の何ものかがある。知性と本能とを同時に超えていく新しい生物種の機能にも似た何ものかがある。そのことは、そうした言葉が説明するのではなく、それらの言葉を語るある特権的な人々の行動によって、ありありと示される。

ところで、「マタイ」では、イエスは律法のなかの一番重要な戒めを二つ挙げていた。ひとつは、汝の心を尽くして神を愛せよというものであり、もうひとつは、汝自身のごとく隣人を愛せよというものだった。「ガラテヤ人への手紙」では、イエスが律法の全体を要約するものとして挙げているのは、後者の戒めだけでしかない。この違いは、何を意味するのだろうか。イエスにとって、静的宗教がその仮構機能を通して定めた数々の律法は、ついには普遍的隣人愛というひとつの倫理に還元されるということなのだろうか？

確かに、ある意味ではそう言ってもいいだろう。私たちは、イエスの言う「隣人」が、いかにイエス自身によって創り出された一種の新たな思想《イデー》、人間種の新たな目的であったかを前に見た。「隣人」は、村のなかにも国家のなかにも民族のなかにもいない。そうした共同体をどれほど拡げていっても「隣人」というものを覆うことはできない。しかも、それは抽象的な他者のことでは決してない。まさに自分自身のように愛せよと命じられる目の前の誰かである。言い換えれば、「隣人」が生じるのは、このような愛(charité)の出現そのものによってである。

「隣人」の創造に先立って、このような愛の出現がある。どこからどこに出現するのか。もちろん、神からイエスを通してこの地上に。したがって、神の本質はこの愛そのものであり、イエスの言う隣人愛は、神が人を愛するやり方と同じやり方によってなされる。だが、神が人を愛するという言い方は、すでに矛盾を含んだものだろう。神の本質が開かれた無限の愛そのものであるのなら、神は何かを愛するのではない。あらゆるものへの愛として、誰かのうちにやって来るのだろう、そう考えるしかない。やって来た時、愛のこの到来は、到来を受けた者による神への直観と同じ出来事になる。律法の第二の戒めであった〈隣人愛〉の教えが、律法の第一の戒めであった〈神への愛〉の教えを吸収し、超えていくのはこのようにしてである。

こうした意味では、イエスの教えは、単に普遍的な隣人愛という一個の倫理を説いているだけでは決してない。彼の教えは、隣人愛のうちに神への直観を含み、この直観は神の愛そのものと一致し、重なり合い、他の者たちに放射されていく。ここにこそ、あるいはただここにだけ、宗教が最後に持つ神秘的本質があると言える。動的宗教が倫理に付け加えるものは、神へのこの直観をおいてほかにはない。このような事情は、もちろんキリスト教以外の世界宗教を例にとっても説明することができる。

倫理は宗教からどう独立するのか

人間の知性社会が静的宗教を必要とするのは、知性というものが生命の領域に持ち込んだ動揺や惑乱に困っている。静的宗教の仮構機能が作り出す幻像は、自然が本能に替えて送り込むものだと言ってもよい。けれども、ベルクソンの言う仮構機能がそれほど純粋に働いていたのは、ごく初期に属する人類のなかだけだっただろう。人類は長い年月を経て、年を取った。思想や科学やテクノロジーの進展と並行して、この仮構機能はどんな具合に変化していっただろうか。それは、知性による批判で萎縮するどころか、かえって無用の肥大を重ねていったのである。肥大し、複雑になり、時にはグロテスクな迷信に紛れ込んでいった。宗教詐欺がつけ込んできたのは、まさにこの状況だが、静的宗教の仮構は本来決して詐欺ではない。

静的宗教の仮構は詐欺ではないが、その幻像は共同体を閉じさせるのに役立つ。静的宗教によって団結を強めた複数の共同体は、それぞれの幻像を掲げて争い合う。本能によって結合した生物種の群れではありえない凄惨な争いが起こる。この争いを通じて、静的宗教はいよいよ共同体の結合を強めようとし、その仮構機能は人々を一種の熱狂状態に駆り立てようとする。この時にこそ、私たちの知性は、過熱した仮構機能に全力を挙げて水をかけなくてはならない。それは、静的宗教を否定するためではない。この宗教を詐欺だと断罪するためではない。自分が属する共同体への義務が、そのことを必要とするからである。

義務は、熱狂から最も遠い意志の判断によってだけ果たされる。何をどうすることが、結果として共同体を守るのか、どう守ることが共同体にとって必要なのか、これを判断できるのは感情でも仮構機能でもない。意志である。共同体への意志が支える倫理である。仮構機能は、共同体を知性の解体力、エゴイズムから守るには有効なものだが、他の共同体との争いのためには決して用いてはならない。この時、共同体への意志は、倫理は、仮構機能と完全に手を切らなくてはならないのである。

今まで繰り返し言ってきたように、人は社会のなかにしか生まれも、生存もしないという事実がなければ、倫理はないだろう。倫理は、この事実に責任を負おうとする自由意志から生まれる。自分が属し、それによって生きている共同体に、人間は義務を持っている。さまざまな共同体は否応なく個々別々にあり、利害も慣習も食い違う。したがって、共同体に対する義務はその数だけあり、対立し合う。倫理は、集団の閉じられた道徳になって、いがみ合う。けれども、共同体に対するこの義務の存在そのものは、知性動物たる人間にとって普遍的なものではないか。あるいは、「自然の意図」が命じたものとさえ言えるではないか。共同体への意志が、そのまま開かれた倫理となりうる可能性が、根拠がここにある。

カントはこの根拠を、「人間は理性的存在者である」、という根本規定の上に置き切ろうとした。しかし、この考え方のなかには、どうも抜け出しがたい循環論法があるように思われる。理性的存在者は倫理が普遍的であることを自己に命じる、また倫理は理性的存在者が命じるが故に普遍的である、そんな論法の繰り返しとならざるを得ない。実際には、共同体への意志が開かれた倫理となりうる性質を持つのは、そこにこそ、生命の領域がさまざまなブロックに分化しながら辿ってきた最後の方向があるからである。知性で作られた社会が生き延びる唯一の方向がそこにしかないことは、言わば自然が知っている。むろん、この方向は、無数の挫折や錯誤や打破しがたい停滞を経験してきた。今後もそうだろう。最後の失敗が来るかどうかは、わからない。だが少なくとも、その将来に責任を負っているのは、私たち人類なのだ。

倫理の原液と動的宗教

知性が本能よりすぐれている点は、〈自由〉にあり、本能が知性よりすぐれている点は、〈精確〉さにある。したがって、自然がこの精確さを犠牲にしながら、生命の領域に自由を拡張させようとしたことは、知性動物の、とりわけ人間の存在そのものが明らかにしていると言える。人間くらい不精確に動き回る生き物はないが、その行動の範囲を時間の上でも空間の上でもこれくらい自由に拡張できる生き物もない。

世界のどこにも自由などはない、すべては初めから永久に決定されている、と言う人々が今も昔もいる。形而上学の決定論があり、科学者流の決定論があり、宗教家の決定論がある。だが、これらの決定論はみな同じ根を持っている。それは、私たちが生きていくのに有用な行動が、みなそうした決定論を必要としている、望んでいる、というところから来る。自然法則の因果性は、しかじかの身体をした私たちの行動が、行動のための知性が、はっきりと捉える。捉えて有効に行動する必要があるから、捉えるのである。実際には、この因果性は、私たちの功利的な知性が、世界のなかに見出した生成のひとつの水準、ひとつの局面に属するものだろう。このことは、まず科学の土俵のなかで徹底して論じられなくてはならない。

どんな時代にも新たに見出される因果性があり、それを利用する技術に人々は熱狂するものだ。けれども、その熱狂に反して、人間は不幸にも自由であることをやめられない。自由は、この世界の生成の全体が持つ事実であり、人間はその事実に最も強く引きずられて生きていく生き物である。人間の知性は、至る所に因果性を見つけ出す。それを見つけ出すことが、私たちの行動の自由をかえって拡大するから。遺伝子工学が見つけ出した因果性を利用して、人間は将来何をしでかそうとしているのか？　良いことであれ、悪いことであれ、ともかくも好き勝手に何かをやりたいのである。

確かに、生体に関する科学は、今後予測を超える因果律を見つけ出してくるだろう。それを見つけ出すとは、すなわち、それを利用してのさまざまな好き勝手が行なえるようになるということである。知性のこのような好き勝手に対して、宗教の仮構機能は当然歯止めをかける。まずは暗黙の圧力で、次には宗教的良心に訴える説教で。それは迷信の巻き返しを狙ってのことではない、共同体の防衛のためである。説教家が意識しようとしまいと、静的宗教はそのためにある。

ところで、新たな生命倫理を確立せよ、というようなことが、近ごろジャーナリズムを中心にして言われている。古い倫理では対応できない事態が、臓器移植だの人工授精だの遺伝子組み換えだのによって生じているからだという。この場合、古い倫理とは一体何のことなのか。静的宗教や共同体の閉じられた道徳が、暗黙のうちに強制してきた慣習や掟のことなのか。それに替わる新たな慣習や掟が必要だというわけなのだろうか。そういうことであるなら、この問題には少しも新しいものなどない。知性は相変わらずしたいようにし、社会はおのずと新たな道徳を、禁止項目を作ってそれに歯止めをかけるだろう。これも、共同体の防衛のためである。

しかし、ここまで来た人間の知性社会がなお生き延びていく上で、静的宗教の仮構機能や閉じられた道徳の掟がもはや力を持っていないことは、私たちの誰もがいよいよ募る大きな不安のなかで感じている。今後、何が私たちを生き延びさせるのかは、すでにはっきりしているのではないか。静的宗教のなかに点火されて人類のなかに燃え続けてきた何か、消えかかっては再燃し、飛び火していった何か、宗教と呼ぶにはあまりに単純な言葉でしか表わすことのできないひとつの力、私たちの社会を世界規模の危機から救うものは、まずこれだろう。これを動的宗教の本質と呼ぶかどうかはどうでもよい。この力は、黙していて、個体の知性の上に、知性以上の強い動力としてやってくる。

私たちが〈倫理の原液〉と呼んでいたものは、動的宗教の本質とどう異なるだろうか。ほとんど異なるところはない。前者は、社会の閉じられた道徳のなかに入り込み、その言葉を利用して私たちに何かをさせる。後者は静的宗教の仮構機能のなかに入り込み、それを利用して進む。後者が前者と異なるのは、ただ一点、〈神〉への無言の直観をその中心に永久に宿していることである。

第五章——ものの役に立つこと

生活のなかで、人間がものの役に立つということは、大変大事なことである。棚を直すのに釘一本打てない人間というのは、困り者には違いなかろう。だから、打てるようになればいいのだが、打てない人間は、たいていはそういうことをどうでもよいと思っている。あるいは、思わされている。その考えは、おそらくはその人の子供時代に始まっているものだ。子供の頃には、いつも誰かが釘を打ち、棚を直してくれる。そのあいだ、自分は勉強だか何だか、棚を直すより大切だと言われていることをやっていたほうがよい。親も子もそう思っている。けれども、そういうことの積み重ねは、必ず子供から重要な成長力を奪っていくだろう。

もちろん、大事なのは棚に釘を打つことそのものではない。たとえば、朴《ほお》の薄板一枚に縦に通して釘を打ってみる。釘の先はすぐ板の外に飛び出してしまう。飛び出さないように打つには、朴や釘や金槌の性質をよくわきまえていなくてはならない。これらの性質は、釘を打つ、という私の行為にとって実にやっかいな抵抗物である。だが、この抵抗物のおかげで、私は釘を打つことができる。ここでは何もかも私の思い通りにはならないものばかりだという、そのことが、私に釘を打つ意味を生じさせている。抵抗がなかったら、棚は全然使い物にならないだろう。

抵抗が桁外れに大きくては、どうにもならない。けれども、どうにかなる限りは、抵抗は大きければ大きいほどよい。丈夫な、あるいは精巧な棚ができる。このことを、私は生活上ではよくわかっているが（わかるほかない）、原稿を書いたりする時には、往々にして忘れる。何でもねじ伏せて、自分の思い通りに書きたがる。そこには、板も釘もないから、そういうことができるかのように感じられてくる。キーボードをパチパチ叩いて書きたいようにどんどん書く。しかし、こんなことはちっとも楽しいことじゃないと、やがて気が付く。なぜ楽しくないのか。

畳の上の水練が面白い人はいない。空っぽのプールで魚釣りの真似をして面白がる人はいない。これは誰でもわかるが、言葉を操るだけの仕事となるとそうはいかない。水がないところで泳ごうとする人は、幾らでも出てくる。畳の上ならぬ一般観念の寝床の上で水泳の真似をする。どんな泳ぎの型でも自由自在、やりたい放題に泳いでみせられる。むろんこんなことは、それ自体として面白くはないが、それに拍手喝采する人がいるとなると話は別だ。当人もほんとうに泳いでいる気になる。面白くもない本心を隠して、架空の泳ぎを続けることになる。これはこれで苦しいことに違いない。

架空の泳ぎに拍手喝采する人々が生まれるのは、どうしてだろう。言うまでもない。彼らもまた、自分たちの架空の泳ぎに一生懸命だからである。ここでは、何もかもが抵抗物のない虚構で成り立っている。泳ぎの巧拙を決める尺度は、水の抵抗でもそれに応じる身体でもない、互いの称賛や罵倒である。この世界は単に滑稽なだけではなく、人々を強く圧するやりきれない機構になる。この機構のなかに、さまざまな支配や服従や憎悪や嫉妬が生産される。するとこのことから、偽の楽しみ、架空の快楽さえ生まれてきて、もう私たちは苦しんでいるのか喜んでいるのか、自分でもわからなくなる。これは危険極まりないことではないか。

人間という異常な知性動物が、言語や記号で成り立たせる群れには、必ずこういう危険が付きまとう。水のない泳ぎは、架空のものだとすぐわかる。が、外部に抵抗物を持たない思考はそうではない。共同体というプールで言葉まみれになった人間の思考は、水のない泳ぎをどこまでも競い合い、それは仲間同士の実際の殺し合いまでいく。

釘を打つ知恵

子供に釘を打たせることは大事である。釘を打つには、柔らかすぎる木は、堅すぎる木と同じくらい使い物にならないことを子供は知る。薄い朴の板に対して、太すぎる釘は、細すぎる釘と同じくらい使い物にならないことも知る。金槌を垂直に下ろす力は、強すぎても弱すぎてもいけないことがわかる。こうして出来上がった棚には、いろいろな程度の成功と失敗とがある。棚は、生活の使用のなかでいろいろに試され、そのことをますますはっきりさせる。外部の抵抗物に、こんなふうに向き合っている知性は、あるいは知恵は、決して誤らないだろう。こうした知恵は、やり方次第で実はどこまでも伸びて深くなっていくものだ。

中学校に「技術家庭」という教科がある。私も中学生の頃、出来損ないの椅子だの本立てだのをこの技術家庭の時間に作らされた。ところが、作る時間はあんまり短く、指導する先生はほんとうは社会科の教師という始末で、何が何やらわからないうちに授業は終わった。指導したのが一流の家具職人であったら、またこの職人が実際にその腕をふるってみせたら(彼は釘など打つまいが)、ずいぶんと様子は違ったであろう。けれども、家具職人は、仮にお呼びがかかったところで学校にはまず出向いていかない。彼がその腕を磨いて生きてきた場所は、学校なんかではない。学校に付きあっていれば自分のなかで死ぬ技術があることを、彼は知っている。

「技術家庭」の運営については、まあどうでもよい。問題は、釘を打つ知恵の存在について、それをどこまでも深くしていくやり方が有ることについて、私たちがよく考えてみることである。知恵は、もちろん知性のなかに含まれている。本能は種や群れの能力だが、知性は個体の能力である。本能が動かす個々の身体は、それ自体が群れに与えられた精度の高い道具になっている。本能は決して身体以外の道具を作り出さない。これに対して、知性動物は、その知性を伸ばすほど、身体の外に自分の道具を作り出す。身体自身は、群れの道具であることをやめ、道具を作り、それを操る主人になろうとする。言うまでもなく、人間はそのことに驚異的に成功した動物である。私たちの知恵は、身体の外に作り出されるこの道具の使用と初めから結びついている。

歩くことから解放された人間の両手は、身体の外に精巧極まりない道具を作り出した。この道具を使ってまた別の道具が作り出され、またその道具を使って別の道具が作り出され、こうして拡大はきりなく続いた。けれども、このような道具が外部の抵抗物に向かって直接使用されている限り、道具を使用する技術は、この抵抗物の性質に従わなくてはならないだろう。石に向かう道具は石の性質に、木に向かう道具は木の性質に従わなくてはならない。私たちの知恵はそこで育ち、そこで激しく働く。釘を打つことから捉えうる木の性質があり、鋸《のこぎり》を挽《ひ》くことから開きうる木の性質がある。知恵はあるすぐれた受動性からくる均衡のなかで、これらの性質と共生し、これらのなかに深く入り込んでいく。深く、とはこの場合、身体による知覚をはるかに超えて、という意味である。

実際、ここには道具の使用によってだけ可能な〈物の学習〉があると言ってよい。たぶん、このような学習は人間のみがする。他の動物なら、こういうことはしなくてよい。猿のような高い知性を持った動物でさえ、〈物の学習〉は必要ではない。猿が学習するのは、行動が受け取る外部からのちょっとした合図であり、出来事と出来事との間の連関である。釘を打つ知恵は、木の性質のなかに入り込み、その性質と共に生きていることの喜びを湧き上がらせる。知恵の進展には、必ずこの喜びが伴っている。

なぜ喜びが……

倫理学が「人間の学」であることの理由を、かつて和辻哲郎は精細に述べた。彼は「人間」という概念の普遍的な発生点まで行き、そこには「人」すなわち「人と人との間」という実践的な意味だけが残ることを突き止めた。倫理とは、この「間」を生きる知恵が必要とする秩序のことであり、倫理学とはその秩序の理論的把握のことである。和辻はそう考えた。いや、和辻ならずとも、倫理が人と人との間を生きる知恵に関わる、という考えには誰も異論を挟むまい。

けれども、それだけだろうか。人と人との間を生きる知恵は、動物が群れを作るに際して働く本能とはまったく異なっている。その知恵は、個体の行動能力たる知性から来る。知性は、スチュアート・ミルのような功利主義者の意見を聞く前から、そうした知恵を育ていた。それは、単に共同体を知性の自分勝手から、その解体力から守るためなのだろうか。そのような目的があれば、もうそれだけで、知性は「人と人との間」を生きるほんとうの知恵を育てうるのだろうか。おそらく、この知恵は、「人と人との間」に適用される以前にすでにどこかで育っている。カントは、そうした知恵を、あらゆる経験に先立つ「純粋実践理性」だと考えた。

私たちが考えてきた知恵は、その種の理性ではない。知性は生物上の個体が有用に行動するためのひとつの能力にほかならない。個体のこの能力が最初に育てる知恵は、道具を使用する〈物の学習〉から来ている。物の性質に入り込み、その性質と共生して進む知恵こそが、知性から育つ最初の知恵である。「人と人との間」に適用される知恵が、これとはまったく別ものであるはずがない。道具を使用して行動する知恵が、自分の外でぶつかる抵抗物は、単なる物体ではないだろう。釘を打つべき板一枚からして、すでにそれは変化する微妙な性質である。このような性質の無限の連続変化は、知性が立ち向かう世界の全体をいっぱいに満たしている。〈他人〉もまた、そこに現われるひとつの抵抗物、おそらくは最も複雑な抵抗物なのではないか。

板に釘を打つ私の知恵は、板の性質に、その変化の内側に入り込む一種の認識力へと発展する。しなければ、釘を打つことにおいて私は永久に役立たずであろう。いや、釘ひとつ打つことにうまくなれない私は、きっと何事につけても役立たずとなるに違いない。この場合、役立たずとは、物の性質がわからない、性質の差異が一向見分けられない、ということと同じ意味である。反対に、ものの役に立つとは、物の性質がわかり、さまざまな性質の差異を見分け、要するに〈物の学習〉に長じていることと同じ意味のように思われる。だが、それだけではない。この学習に長じる者は、「人と人との間」を生きる知恵にすぐれる者である。なぜなら、この学習にとって、物と人とは同じように在る外部の抵抗物であるから。

こうした知恵は、そのままでは倫理的とは言えないかも知れない。けれども、こうした知恵のないところでは、倫理的であろうとする意志は、はた迷惑なばかりだろう。また、こうした知恵のないところで活動する得手勝手な知性は、おそろしく愚鈍であるか、または残酷であるかだろう。儒学者流の道徳の不要を唱えた本居宣長は、このことをよく知っていた。善悪是非を賢げに論じて道徳を説く輩に、ものの役に立つ人間は一人もいないと彼は考えた。人間には道徳などいらない、ものの役に立つだけで充分である。その知恵を深くする努力があるだけで充分である。なぜなら、その行為のなかには、「事の心」「物の心」を知る能力のすべてが備わっているからだ。宣長は、たとえばこう言っている。

「目に見るにつけ、耳にきくにつけ、身にふるゝにつけて、其よろづの事を、心にあぢはへて、そのよろづの事の心を、わが心にわきまへしる、是事の心をしる也、物の心をしる也、物の哀をしる也」(『紫文要領』)

このことに付け加えるべき道徳などはない。あれば、議論になり、争いになり、やがては殺し合いになるだけであろう。そんなものの何が道徳であるか。宣長には、そういう徹底した信念があった。反対に、「事の心」「物の心」を知る努力の深まりのなかには、決して争いを引き起こさないひとつの強い喜びがある。その喜びは、板に釘一本打つところからすでに始まっているのだ。それは、一体なぜなのか? この問いに答えられるのは、人間を作った自然だけかもしれない。だが、自然は答えない。答えないのが自然である。この事実の奥の奥にこそ、おそらく道徳の最初の(あるいは最後の)原理が眠っている。

木に学べ

宮大工の西岡常一が、檜《ひのき》について語っていたことは、〈物の学習〉のひとつの最高峰の実例を示すと言ってよい。彼は、奈良の法隆寺を解体、修理する大工の棟梁だったが、解体すればこの寺院を組み上げている檜が、千三百年前の建築時においてすでに樹齢千年からの千三百年を経ていることがはっきりとわかる、と言う。樹齢千年の木で建てた堂塔は千年もつ、という大工の言い伝えが実証されたどころではない、法隆寺はまだまだ立ち続けるだろうこともはっきりとわかる。これほど耐用年数の長い木は、檜以外には見当たらない、と言うのである。そう語る彼の言葉は、芽を出してから千三百年間の檜の生長を目の当たりに追う人のようである。

「自然に育った木ゆうのは強いでっせ。なぜかゆうたらですな、木から実が落ちますな。それが、すぐに芽出しませんのや。出さないんでなくて、出せないんですな。ヒノキ林みたいなところは、地面までほとんど日が届かんですわな。

こうして、何百年も種はがまんしておりますのや。それが時期がきて、林が切り開かれるか、周囲の木が倒れるかしてスキ間ができるといっせいに芽出すんですな。今年の種も去年の種も百年前のものも、いっせいにですわ。少しでも早く大きくならな負けですわ。木は日に当たって、合成して栄養つくって大きくなるんですから、早く大きくならんと、となりのやつの日陰になってしまう。日陰になったらおしまいですわ。

何百年もの間の種が競争するんでっせ。それが勝ち抜くんですから、生き残ったやつは強い木ですわ。でも、競争はそれだけやないですよ。大きくなると、少し離れたとなりのやつが競争相手になりますし、風や雪や雨やえらいこってすわ。ここは雪が降るからいややいうて、木は逃げませんからな。じっとがまんして、がまん強いやつが勝ち残るんです。

千年たった木は千年以上の競争に勝ち抜いた木です。法隆寺や薬師寺の千三百年以上前の木は、そんな競争を勝ち抜いてきた木なんですな」（『木に学べ』）。

そのような木が育つには、腐植土とその下の厚い粘板岩の地層が要る。粘板岩が風化して割れ、その間に染み込んだ水が、地下何十メートルのところで檜《ひのき》の根と出会う。水を目指して岩間に入り込んできた根の先端とそこで出会う。そこまで達した根だけが、地上何十メートルの樹木を支えることができる。西岡が感嘆するのは、こうした樹木の性質を、あるいはそこに生じる性質の無数の差異を、飛鳥時代の工人たちが知り抜いていたことである。たとえば、一本の柱が千三百年間真っ直ぐ立つためには、その柱と他のあらゆる木材との性質の差異が見分けられなくてはならない。木を組むとは、こうした差異の捩れや抑揚を堂塔という目的のために厳密に関係づけることである。しかもこの目的、堂塔は、今あるだけではない。千年、二千年の木の変化のなかにあり続けなくてはならない。飛鳥時代の工人には、それができていた。しかし、鎌倉期の建築となれば、「木に学ぶ」この知恵はもう消えていると、西岡常一は言う。

彼が語る言葉のなかには、地質学もあれば生物学もあり、工学や歴史学もむろんある。だが、彼が行なってきた〈物の学習〉は、それらのすべてを同時に超え、またそれらのすべてに向かって開かれている。これは真に驚くべきことだ。このような学習が、なぜ人間に可能になるのか、私たちはよく考えてみたほうがいい。たとえば、いつも同じ方向から風が吹く所にある樹木は、その風に捩られまいとして伸びる。捩られまいとして生まれる樹木の生長力が、その樹木の「クセ」になる。「わたしどもは木のクセのことを木の心やと言うとります。風をよけて、こっちへねじろうとしているのが、神経はないけど、心があるということですな」(同前)。

西岡常一の言うこの「心」は、宣長の言う「物の心」とほとんど寸分変わりない。これは時代遅れの比喩などではない、科学が跡づけるべき明確な事実である。宮大工の棟梁には多くの大工を指揮して「木のクセを組む」という実際上の仕事があり、クセが見分けられなければ、彼の仕事はあからさまに失敗する。けれども、「木のクセを組む」仕事は、多くの大工なしには決して行なえない。一人の宮大工は何者でもない。そこで、木のクセと同じだけ多様な大工のクセ(腕自慢の大工ほどクセが強い)が、木のクセを組むことになる。棟梁は言う。「木のクセを見抜いてうまく組まなくてはなりませんが、木のクセをうまく組むためには人の心を組まなあきません」(同前)。「木の心」と「人の心」とは、同じ抵抗物だと言うのである。

道具を使う

「木の心」は、どうやって知るのか。言うまでもない、鑿《のみ》、鉋《かんな》、釘《くぎ》、鋸《のこぎり》の接触によって知るのである。山に茂る樹木のクセが実際に視え出すのは、その後でしかない。このような視覚が、学者の知識に助けられることはまずない。その反対があるだけだ。しかし、木に「物の心」があるように、鑿、鉋、釘、鋸にも鉄としての「物の心」がある。「人」の手が「鉄」を通して「木」に触れる、その接触のなかにすべてが現われてくる。現われなければ、大工とは言えない。このような道具が、何であってもいいはずはない。したがって、木の学習は鉄の学習を通してだけなされる。これに気付かない大工は、一生何にも気付かない素人だと、棟梁は言う。

工場で出来た合板を電気ノコギリで切っているような素人は、むろん何にも気付いていない。たとえムク木であっても、電気ノコギリはその性質を一切見分けない。柔らかくても堅くても、真っ直ぐでも歪んでいてもお構いなしに切る。「ウィーンで終わりでっせ」である。大工が挽《ひ》く鋸は、木の繊維、その硬軟に応じて歯の目立てを変える。その切り口は、まさに生きて締まっている。電気ガンナで削った板は、雨にさらされれば一週間で黴が生える。繊維を千切って、けば立たせた板はそうなる。槍《やり》ガンナ(鎌倉期以前に使用された槍状の鉋)で削った板は、表面に柔らかみがあり、しかも繊維は生きて締まっている。水をはじいて滲《し》み込ませない。千年経とうと、黴など生えるはずがないのである。

電気工具は千切るのであって、「削る」のでも「切る」のでもない。大工が「削る」とは、

「切る」とは、木の心に鉄の心が応じ、入り込むことである。だから、鑿、鉋、釘、鋸の鉄は、木のように生きた繊維を、性質の差異を持っていなくてはいけない。鉄の繊維は、地金の鍛えにあたる。折り返されて鍛造された地金の層が、鉄の繊維である。繊維を持たない鉄は、木で言えば合板と同じことだろう。鉄鉱石を溶鉱炉のコークスで溶かし、取り出した鉄をプレスして作った鋸は、ベニヤ板と変わりがない。溶鉱炉の高温で溶かした鉄には、溶かす際に多量の不純物が混じり込むから、こういうものを折り返して鍛練することはできない。ほんとうの鍛造に耐えうるのは、砂鉄を木炭で低温還元して作り出す鉄だけである。そんな製鉄法は、もうほとんど行なわれていない。また、こうした鉄を鍛造して大工道具を作れる者は、いまでは刀鍛冶《かじ》しかいない。

けれども、道具の鉄が鍛造された折り返しの層を持つこと、その生きた繊維を持つことは、大工が木の性質を見出し、そこに入り込んでいくために、ほんとうはどうしても必要なことなのだ。それを、ごまかすなら、ごまかしただけの仕事しか大工はできないだろう。ごまかさないとは、堂塔が檜の諸性質によって生き続け、千年、二千年と風雨をしのいで立つようにすることである。これは不動の恒久を目指す仕事とは違う。自然のなかに建築という諸性質の新たな差異の領域を作り出し、それを生きさせる仕事である。この仕事が組み上げる諸性質のなかには、木も人も鉄も分かちがたくある。

ところで、この鉄であるが、鉄は砂鉄から還元され、鍛造されなければ、木や人(大工)の性質に入り込むことはできない。檜は自然のなかで千年かけてみずから成熟してくるが、鉄の道具は、鍛冶屋が純度の高い鉄を得て、鍛造しなくては現われてこない。いきおい、棟梁が「組む」人間は大工ばかりではなくなってくる。鍛冶屋《かじや》との協力が不可欠である。道具にどのような鉄が得られるかは、建築物の命を決める問題になる。

鍛造された長い楔状の和釘は、木の性質のなかに入り込み、千年以上の鉄の変化を木の変化と協力し合って生きている。和釘は、私たちが使う洋釘のような、打ち込み用の頭を付けていなくてもよい。鍛造されたこの長い四角錐の楔は、木のなかで決して緩まず、木の繊維に馴染んで、木を腐らす赤錆などむろん受けつけない。こうなれば、釘はもはや道具ではない。単なる建材でもない。「鉄」という、木のなかに入り込んでいる「物の心」である。

鉄を研ぐ

しかし、鑿《のみ》や鉋《かんな》の刃は、建物のなかには残らない。これらは、道具として使われる。道具は、大工が動かす身体の尖端《せんたん》だと棟梁は言う。この尖端が木と接触を持ち、繊維のなかに入り込む。大工の身体が疲労するように、道具の刃先も磨耗する。これを研《と》ぐ以上に重要な仕事はないだろう。「研ぎができけん人は素人や」と、棟梁は苦々しく断言する。ある大工が、鉋の刃に生じた0・01ミリほどのカーブに気付かず仕事をしている。棟梁は見ていて、それを注意する。そのカーブと、それが木にもたらす結果が目で視えなければ、その大工は何も直すことができない。研ぎは、その先のことである。視えて、それが研げるかどうか、まずはすべてがそこにかかっている。

道具の刃を研ぐ砥石が、今度は道具になる。砥石には砥石の生きた性質があり、その砥石を作り出す人間との深い暗黙の協力が、大工には不可欠になる。いい砥石を作る人間がいなければ、何もかもがおしまいになるだろう。この砥石は、鉄を研ぐ大工にとって、鉄を挟んだもうひとつの自分の身体になる。触れた指先が物の性質を知るように、砥石の研ぎ当たりが、鍛えられた地金の質も、その疲労も歪みも、すべて知ってしまう。

鉄のすべてが、そこに現われてくる。木の性質が道具の刃先に現われてくるように、鉄の性質は、何よりも指先の砥石の研ぎ当たりに現われてくる。「研ぎができけん人」は、結局はこの鉄の性質を知ることができない。つまり、「道具の心」を知らない。そういう「でけん人」の刃先に、木の性質がその全容を現わしてくるはずがないのである。ここには、〈鉄の学習〉と〈木の学習〉とについて、大工だけが身につけていく特異な相関がある。けれども、この特異さは、〈物の学習〉全体が明かす自然の真実そのものに向かって、いつでも限りなく開かれている。

台ガンナと槍ガンナ

鉋《かんな》の刃が現在のように木の台のなかに嵌め込まれたのは、室町時代以降のことだという。それ以前は、鉋の刃は槍の穂先のような形をし、細長い柄の先端に取り付けられていた。この鉋を再現させたのは、西岡常一である。法隆寺の塔や金堂の木を調べれば、台ガンナで削ったのでは顕わすことのできない木肌の感触がある。そうした木は、室町以降の修復を経ていない。何か異なる道具がある。正倉院に残っていた小さな刃物が、それに近いものだとわかる。それを元に復元しようとするが、形だけ真似てもだめである。一向に切れない。鉄が違う。そこで、法隆寺の解体修理で出た古釘を使って、刀鍛冶に槍ガンナを鍛えさせる。法隆寺の木が千数百年保ってきた木肌の柔らかみは、このような道具で初めて顕わすことができる。台ガンナでは、木肌はどうしてもツルリとした、味のないものになってしまう。

「この槍ガンナからみたら台ガンナは機械みたいなもんや」と棟梁は言う。この棟梁にとっては、台ガンナでさえ機械に似ている。なぜなら、削られる木と刃との接触の取り方は、与えられた樫の台によって決定されてしまうからだ。木は台の平面に沿ってしか刃に当たることはない。大工の手が自在に調整してできる接触面の変化は失われ、画一化される。木の繊維と刃の鍛え肌との間に起こる生きた接触は、与えられた台の平面に委ねられてしまうのだ。台ガンナは、宮大工の技を拘束し、彼が持つはずの知恵を部分的に麻痺させるだろう。台ガンナの便利さほど、大工が行なう〈物の学習〉にとって不自由なものはないのである。

ところが、面白いことがある。鉋の台は木でできている。したがって、その木もまた、削られる木と同じように毎日の天候に左右され、刻々に変化する。鉋の台といえども、質料を欠いた幾何学的な平面を作っているわけではない。台ガンナで木を削る時、まず大工がやらなくてはならないことは、その台を別の刃物で削って調整することである。台の変化に気付き、それを削る腕がなければ、台ガンナを使いこなすことは決してできない。そうである限り、台ガンナはやはり「機械みたいなもん」とは違うだろう。削られた台の平面は、ただ完璧な直線をなしているだけでは充分ではない。削られる板との間で、吸いつくように呼応し合う繊維の質を持っていなくてはならない。

ところで、鉋台《かんなだい》を削る道具が、台ガンナだとすれば、それの鉋台も削られることを要し、それを削る台もまた削られることを要し、かくして際限がなくなる。際限がなくなるが故に、台を削るのは一回きりで止めておく。大工の仕事には、理屈屋が考える意味での完璧も絶対もあり得ないだろう。この非完全には、深い意味がある。木も鉄も人間も自然のなかに生きていて、その変化は決して切れ目のない連続をなしている。切れ目があるとすれば、その間には何もない空虚があることになる。けれども、大工にとって、この世界のどこにも空虚というようなものはない。削られる木は、変化に満ちた気体のなかにあり、削る鉄、それを支える台、さまざまな大工の身体がその気体のなかで変化し、相互に浸透し、それぞれに循環し合い繋《つな》がりを持つ。宮大工が木を削るとは、この循環のなかに千年、二千年の繋がりの持続を生み出すことである。法隆寺の堂塔は、こうして生み出された持続の姿にほかならない。

大工がものの役に立つということは、ものの性質に、その変化と循環とに応じられるということである。0・01ミリの刃の歪みに気付き、それを研ぎ直せるようでなくては、大工はとうていものの役には立たない。当然ながら、ここで、ものの役に立つということのなかには、生活の上の有用さをはるかにはみ出た、人間だけに可能なひとつの能力がある。しかも、これは生活の上の必要以外、どこからも伸びていくことのできなかった能力ではなかろうか。

知性を産んだ自然の意図

生物の本能は、自分の身体を適応範囲の大変狭い、精度の高い道具にするが、知性は身体にさまざまな道具を作らせ、広範囲に使用させる。木の性質を知ること、鉄や火や気体の性質を知ることは、このような道具の使用を通して、人間にだけ可能になってくる。しかし、ただ知るだけではない。それらの物に加える変形が、自然のなかに何かまったく新たな変化の系列や秩序を作り出していく。それが、たとえば千年の持続を生きる。生きるのは、自然がそれを生かすからである。あるいは、それを作った知性を利用して、自然みずからがその秩序を生きるからだと言ってもよい。こういうところでは、個体のなかに知性を植え付けた自然の意図はこの上なく成功している。

自然の意図？　果たして、そういうものがあるのだろうか……。あるとすれば、自然がこの地上に人間という知性動物を産んだ意図は何なのか。利己主義を発達させ、生のブロックを解体し、何もかもを破壊させるためではあるまい。千数百年の変化の持続を今も生きている堂塔がある。そこに投入された知性の働きを見ていれば、人間を産んだ自然の意図がわかってくる。西岡常一はそう言いたげである。「無になって伽藍建てるわけですな。ですから、どんな有名なお寺見てもらっても、棟梁の名前なんて書いてありませんでっしゃろ。自分が自慢になるからさせなんだんや。とにかく、自分で仏さんにならんと堂を作る資格がない、神さんにならんとお宮さんやる資格がないと言われてます」。ここには、道具を使用する最も強力な知性が、個体を超えていく驚くべき実例がある。

自然は、人間の知性に何をさせようとしているのか、宮大工の仕事をしていればそのことがわかる。「仏さん」や「神さん」に〈なる〉ことは、自然の意図そのものに乗り移って、自然が知性に為さしめようとしているところを、まさに為すことではないか。これを為すことは、ベルクソンの言う「動的宗教」とは違う。もちろん、「静的宗教」とはなおさら違う。しかし、知性が〈ものの役に立つこと〉を推し進めて達した希有の信仰が、ここにあることは明らかである。

この信仰は、希有ではあっても特殊ではない。神秘を含んでいても、摩訶不思議なところはいささかもない。この信仰には、人間の知性が道具を使って生きる倫理の普遍性があるだけだ。倫理は、自然のなかで生のブロックを成して生きる人間たちの道具の使用のうちにこそ育つ。これが、棟梁の倫理学である。

ところで、あらゆる道具には、機械であるものとそうでないものとの二種類がある。西岡棟梁にとっては、台ガンナはすでに幾分機械の性格を持っている。また機械でなくとも、機械によって作られた道具には、すでに機械の性格が染み付いていると言える。そういうものは、ほんとうは大工にとっての道具ではない。電気ガンナや電気ノコギリはむろん機械そのものである。「ウィーンで終わりでっせ」のこの機械には、閉口させられる。まず、〈物の学習〉が成り立たない。こういう道具だけを使う人間には、木も鉄も土も空気も自分の身体も、所詮わかりようがない。ここにある一種の無知無能こそ、ものの役に立たない知性を育てる温床となる。

それだけではない。木の繊維を知ることなく、どんどん木を切る人間は、自然のなかで生きていく知恵も信仰心も持たない。「ウィーン」で果てもなく樹を伐採し続けていく。自分の利益のために樹がなくなるまで伐採し（実際、良質の檜はもうほとんど日本にはないそうだ）、そうやって自分を生きさせている樹を失くしてしまう。「人間賢いと思ってるけど一番アホやで」。そういう始末になる。このように「アホ」な人間は、結局のところものの役に立っていないのである。

物の学習に還る

図面を引いて機械を設計する知性は、むろん決して「アホ」なものではないだろう。しかし、この設計者が「アホ」でなければないほど、機械を使う人間は「アホ」であっていい勘定になる。設計者が伸長させる知性は、棟梁が養う知性とはどうもまったく異なる。〈物の学習〉をどこまでも深くする棟梁の知性は、その製作物を受け容れ、理解する人間をおのずと選ぶ。設計者の知性は、もっぱら〈記号の学習〉に関わっている。機械を構想し、製作させるものは、物を離れて純粋に記号を操作できる知性である。高層ビルを建てたり、人類を月にまで行かせたのは、もちろんこうした知性であって、この能力は物から遠ざかるほど物に対する支配力を発揮するだろう。

発達した本能が群れのなかで身体を使い切る代わりに、発達した知性は個々に道具を使う。だが、道具を使う知性は、二つの方向に分化したようである。つまり、一方は〈物の学習〉を極める方向に進み、他方は〈記号の学習〉を極める方向に進んでいった。二方向の分化は、初めのうちは極めて徐々に進んだから、一方が他方の性質を含んだまま発達することは、大した矛盾もなく成り立った。けれども、これら二方向の間には、分化を必要としただけの性質上の対立がやはりあったのである。西洋のルネサンスから産業革命に至るまでの間に起きた〈記号の学習〉の爆発的な進展は、この対立をまったく疑いようのない、あからさまなものにした。いや、対立をあからさまにしたと言うよりも、分化を一本の線の上の進歩として錯覚させてしまったと言ったほうがいいかも知れない。職人の手仕事が、工場の機械労働に取って替わられたというふうに。

〈記号の学習〉は、それほどに進展した。物品の生産は、この学習を中心にして行なわれるから、〈物の学習〉によってだけ人が知ることのできる物それ自体の細かな性質の差異は、こうした生産からどんどん除外される。除外されるほど、生産は量を伸ばす。「ウィーンで終わりでっせ」の仕事が、あたかも〈物の学習〉の進歩によってもたらされたかのように、幅をきかす。ここから造られていく産業社会の生産競争は、いよいよ後戻りがきかない状況になっていく。

だが、道具を使う知性の分化から生じた二つの学習は、その内の一方がどんなに異常な進展を遂げようと人類の内部にちゃんとあって、生き続けている。いや、一方の進展が限界点に達した時には、その進展をなした同じ人類が、もう一方の方向に振り戻されていく自分を感じるようになるだろう。人類から分化する新たな生物種でも生まれない限り、そういうことにならざるを得ない。だが、人類は〈記号の学習〉が限界点に達していることに、果たして気付くだろうか。限界点とは何か。私たちが、本能から知性を分化させた自然の意図を無効にして、自分たちの属する生のブロックを自滅させる点である。私たちはすでに、この限界点にいる。

コンピューターによる情報のデジタル化は、〈記号の学習〉が持つ本性を何ひとつ変えはしない。そこから分化する新たな方向を生み出したりはしない。情報技術の刷新が変えうるのは、〈記号の学習〉が造り出す産業社会の構造だろう。〈記号の学習〉という知性の仕事は、そのままその構造のなかにあり、その構造を決定している。こうした学習の限界点で起こる危機を私たちに回避させるものは、やはり過去において分化したもうひとつの学習の方向ではないのか。もちろん、私たちの社会は、中世以前の職人の手仕事を再開したら成り立たない。〈記号の学習〉がすでに得たものを忘れることはできない。ここで負わされた重い荷物は、すべて負って行くほかはない。そうやって、〈物の学習〉に還っていく路があるか？　当然ながら、路は根底から創り出さなければ無いだろう。それを創ることは、知性の新しい路《みち》を開くことと同じになるだろう。

倫理としての〈物の学習〉

二十一世紀は、「物の時代」から「心の時代」へ移るのだ、健忘症のジャーナリストたちが今盛んにそんなことを言っている。近代は、この種のロマンチストをいろいろな形で無数に生んだ。私たちが経験してきたのは、「物の時代」と言えるほど単純な状況ではない。この時代に、人々はほんとうに物を欲しがったか。人々は、言語や貨幣やその他の諸記号が、ほとんど自動的に生産する巨大で抽象的な欲望の波に引き裂かれ、翻弄されたのではなかったか。たとえば、商品は物ではない。それは、貨幣という記号のシステムが生む〈価値〉にはまり込む何らかの対象でありさえすればよい。その対象には、記号上の約束や権利（使いもしないゴルフ場の会員券は特上の取引商品だ）も含まれ、したがって貨幣そのものもそこには含まれてしまう。これは、恐ろしく根のない、また見通しのきかない複雑な世界である。

人間の知性は、こうした記号と共に出現している。本能は群れの能力であり、知性は個体の能力である。しかし、人間の知性と共に出現したこれらの諸記号は、個体の知性を超えて人間の社会を組織してしまう。ここには、群れを組織するもうひとつの原理、生命と無関係な何か自動的で抽象的な原理があるだろう。ベルクソンの言う「閉じられた道徳」や「静的宗教」は、こうした社会を守りはしても、直接に生み出しはしない。なぜなら、これらの道徳や宗教は、やはり生命の原理が共同体にもたらすものだからだ。道具を使う知性が、〈記号の学習〉をどんどんと押し拡げ、純粋にし、機械や、機械のための機械を製造するのは、このような抽象化した社会組織のなかである。

「物の時代」どころではない。私たちが親しんできたのは、物との接触を、接触のための学習を最大限までなくしている生活、「ウィーンで終わりでっせ」の「アホ」な生活にほかならないだろう。何でも「ウィーン」でいく生活は、物の抵抗にぶつからない。物が持つ無数の性質が、解くべき無数の問題となって現われることがない。物は機械が一括して処理する材料に過ぎなくなり、原価が安くて処理し易く、適度に強度があればそれでよいことになる。こういうところで活動する知性は、まことに面目躍如としていて、自分勝手の限りを尽くす。たとえその知性が、どんなに公共の社会事業のためだと言って働いていようと、その活動は森や川を壊し、他の共同体を壊し、とうとう自分の社会をも滅ぼしてしまう。これでは、ものの役に立つどころではない。

どんなやり方であれ、〈物の学習〉を深めた人間なら誰でも知っている。〈心の学習〉は、〈物の学習〉によってだけ可能になることを。あるいは、その一部分でしかないことを。このことは、唯物論というような大仰な考えとは関係がない。木を削ることは、木の繊維が持つ性質の差異に深く降りていくことである。その時、削る道具はそれ自体が無数の性質を持った一種の繊維でなくてはいけない。木には木の無数の心が、鉄には鉄の無数の心が、変化しながら存在している。そうとしか言いようのない学習を宮大工はいつでもしている。学習する自分の心は、ひたすら木や鉄の心を追い、それと連続する何かになる。千年の堂塔が建つのは、そういう大工たちの心のあれこれが、誤りなく組み合わされた時である。

宮大工のこうした学習は、もちろん私たちの通常の生活からおよそかけ離れた地点まで行くが、決して無関係にはならない。私たちの生活のそのままの深化のなかにある。そうでなければ、どうして現実の堂塔が建とう。言い換えれば、何らかの度合で〈物の学習〉を持たない生活というものはない。ただ、私たちの日常生活では、この学習は〈記号の学習〉と混ざり合い、生活の要求を満たすところでとどまってしまう。それがとどまる地点は、生活のなかで〈記号の学習〉が占める割合が膨脹するほど、すぐにやって来る。もう私たちは、木目の性質のことなど、まったく何も知らなくても暮らしていける。何らものの役に立たなくても、人は暮らしていけるようになった。これは、むろん有難いことなんかではない、危険で恐ろしいことだ。

私たちの社会は今、ものの役に立たない人間で溢れ返っている。恐ろしいのは、こういう人間ではなく、こういう人間を実に都合よく機能させる社会システムのほうに違いない。このシステムは、ひたすら言語と記号とで出来ている。〈記号の学習〉にだけ長けた知性は、このシステムによって右往左往させられ、このシステムを利用しようとして、それの一部になってしまう。困ったことに、こうした社会システムは、人間種という生のブロックと関係なく働き、このブロックを破壊しても自分を拡大しようとする。

釘をまともに打てることは、なぜ大事か。そこには、〈物の学習〉を通して人がものの役に立つ路が、ほんのわずかだけ開けているからである。下手でも上手でも、人はこういうことを一生懸命やってみるのがよい。その時、木や鉄のほうから問いかけてくる何かが、あるいは私たちの知性に抵抗してくる何かがある。知性には二つの路があるだろう。この抵抗を踏みつぶして「ウィーン」で行くか、抵抗そのもののうちに入り込んで、知性を産んだ「自然の意図」に応じていくかである。応じるやり方はさまざまあり、応じる行為は、やっていくほどどこまでも遠くに行くだろう。

これは、職人だけの領分ではない。生活の至る所に開けた自然への通路である。自然は私たちの知性に、ほんとうは何をさせたがっているのか、宮大工はどうやらそれを知っている。「物の心」、「人の心」を知る彼のやり方が、そのまま彼にその知恵を育てさせる。このような知恵が発する声に、私たちは耳を澄ませたほうがよい。その声の向こうにもっと低いもうひとつの声が聞こえる。それは、自然が知性に命じる声だ。道具を用いる知性が知性を超えて、ひとつの黙した倫理に達する路が、ここにある。

第六章——在るものを愛すること

デカルト

道具を使う知性が、〈記号の学習〉という方向を異常発達させ、道具を機械に、機械を作る機械に変えた。こう言えば、その異常発達のきっかけのひとつとしてデカルトの名を挙げる人は多いだろう。けれども、こうした知性の分化は、彼がいようといまいと起こったことに違いない。起こってしまったことを振り返って誰かをその原因に数えるのは人心の常だが、デカルトがした仕事は、むろんそれで片付くほど分かりやすくはない。

『方法序説』を読めば、彼の仕事の動機もまた、学校で教えられる、ものの役に立たない学問への失望に発していたことは明らかである。あれこれの学問が、ではない。およそ学というものが言語や記号に依存するそのやり方において、彼は根底からの不信、憎悪、失望を味わった。こうした諸学が、ないものをあるかのように言い募る手口、それが人を騙し、人の上に立って組織を作り、偽の権威やしたたかな虚栄で社会に働きかける手口、彼はそういうもののすべてを二十歳になる前にすでに見尽くしたのである。それで彼は学校の学問を捨て、「世間という大きな書物」を読む旅に出た。旅は二十年続いた。そこでは、彼は俳優ではなく、たったひとりの目覚めた観客であった。『方法序説』は、そういう旅の果てに書かれている。俳優になって、彼もこの時舞台に上がったのである。

デカルトは、認識における厳密や正確を目指したが、それはそうした認識だけが、世間でほんとうにものの役に立つからである。思考が厳密、正確であることは、見栄や趣味の問題ではない。彼は、世間でほんとうにものの役に立つ、という考えから離れて「真理の探求」などに従事したことは一度もない。真理は有用なものであり、真に有用な事実は真理である。このことを受け容れなかったら、学問に厳密も正確もないだろう。あるのは、ただ言葉の上の馴れ合いやいさかいだろう。デカルトは、思考の徹底した厳密や正確のために〈記号の学習〉を使い切る路を歩いた。あるいは、その学習を正確への意志によって一人ですみずみまで支配する路を歩いた。そうやって、彼が最後に最も心血を注いでいた領域は医学である。それ以上に、学問が人の幸福に役立つ領域はないだろうから。

そんなわけで、デカルトが支配したひとつの普遍的な〈記号の学習〉は、〈物〉が在ることについての非常に鋭敏な一種の感覚を伴っている。この感覚こそ、書物に終始する学校の学問から彼を立ち去らせたものだったと言える。〈記号の学習〉が真理に達するのは、それが〈物〉を関係づけるやり方において、あくまでも厳密、正確であった時でしかない。それが厳密、正確であることを何が保証するか。〈物〉との接触がもたらす有用さが、まず保証する。では、その有用さが単なる幻覚でなく、真理そのものから来ることを何が保証するのか。それが幻覚ではないと明晰、判明に知りうる思惟の力しかないだろう。どんなに鮮烈な夢でも、醒めればそれが現実とは異なることが、私たちには疑いなく分かる。言い換えれば、私たちは、すでに夢と現実とをはっきりと区別する能力を持っている。

その能力は、どこから来る？　決して幻覚を見ることのない、私たち人間の知性よりもはるかに確実な能力から、存在から来る。したがって、デカルトの〈記号の学習〉は、〈物〉が在ることへの極めて鋭敏な感覚と、限りなく素朴な信仰心だけが見る神とをいつも正確に伴っていた。彼が支配しようとしたものは、自分ひとりの思惟であり、その思惟による〈記号の学習〉であり、その学習によって〈物〉に有用に問いかける自分だけの方法である。それ以外のことは、神に属する。属するとみなして動かぬことこそが、彼の生き方だった。

彼は言う。病気の時に健康を羨むことは、健康の時に金剛石で出来た体を欲しがるのに似ている。牢獄にいる時に外の自由を羨むことは、外にいる時にメキシコの王国を持ちたがるのに似ている。「しかし、私は告白する。すべてのものをこうした角度から見ることに慣れるには、長い訓練としばしば繰り返される省察とが必要だということを」（『方法序説』第三部）。

在るものの前に身を屈める

アランが書いたたくさんの新聞コラム（『プロポ』）のなかに「在るものを愛すること」と

いう短文がある。これは、一九〇八年の復活祭の朝、ルーアンの地方紙に載った記事だが、何度読み返してもよい文章である。

アランは書いている。この世には、理解せずに受け容れなくてはならないいろいろな物事がある。その意味で、何ぴとも宗教なしでは生きていない。宇宙はひとつの事実である。その事実の前で、理性はまず身を屈めねばならないと。子供は、蹴つまずいた石ころに腹を立てる。大人は、雨だ、雪だ、風だ、日照りだとぶつぶつ文句を言う。こういうのは、彼らが物事一切の関係をよく理解していないところから来る。彼らは、何でも物事は気まぐれな意志みたいなものに依りかかっていると思っている。お天気屋の庭師が、この世界のあちこちに水を撒くみたいに思っている。だから彼らは祈るのだ。祈るとは、際立って非宗教的な行為である。

けれども、「必然性」というものをいささかでも理解している人、そういう人はもはや宇宙に取り引き勘定を求めたりはしない。なぜ雨が降るのか、ペストが流行るのか、かくかくの死が訪れるのか、そんなことを尋ねたりはしない。なぜなら、こうした質問に答えなどないことを、この人は知っているから。ただもうご覧の通り、言えることはこれしかない。しかも、それだけで充分だ。在ることは、すでに何事かである。そのことが、あらゆる理性を圧倒する。

そこでアランは書く。真の宗教的感情は、在るものを愛すること（aimer ce qui existe）にある。私はそのことを信じて疑わないと。ただ在るものなど、愛されるに値しないのではないか、あなたがたはそう言うかもしれない。だが、全然そうではないのだ。世界を判断せず、愛さなくてはならぬ。在るものの前に身を屈めなくてはならぬ。こう言うアランの考えは、彼が生涯熟読したデカルトのものだろう。デカルトが、その理論体系の中心に常に持っていた最も秘められた思想だろう。彼を近代合理主義の親玉くらいにしか考えない者には、これは大変意外なことに見える。しかし、これは疑う余地のないことである。アランがラニョーから学んだスピノザのなかには、こうした思想のデカルト以上に徹底した展開がある。

何に祈るのか

アランは続ける。在るものの前に身を屈めることは、池で溺れるみたいに自分の理性を殺すことではない。人は理性による思考をどんなに尊重してもよい、正義の実現に奔走してもよい。むしろ、力の限りにそうすべきである。だが、次のことはよくよく考えるがよい。どんな理性も存在を授けることはできぬ。どんな存在もそれの理性を授けることはできぬ。出産する女性は、発明するアルキメデスとはまったく別のものである。

彼の言葉を直接引こう。

「あなたがたは緑の森に行き、そこで濡れた枝々の回りに早春の蒸気を捕らえる。あなたがたはたっぷりと見るだろう。茂り合う葉が新しい日差しにむけて開いているのを。その後では、種子たちが熟し、地に落ちるのを。お望みなら、これらの種子ひとつひとつがその運命を持っていた、そう言ってもよい。芽を出し、生育し、次々に樹木となる運命。それはひとつの種子に起こることではない、たぶん朽ちていく無数の種子についても起こる。が、あなたがたはそのことに想いを巡らしたりはしない。あなたがたは自分の眼と耳とを開く。同じ聖なる火が、あなたがたのなかにもまた燃え上がる。自分も大地の子だということが、はっきりと感じられる。あなたがたは古いこの世界を礼拝する。それをあるがままに受け容れる。そのすべてを許す。さあ友たちよ、祈りに行ってき給え。復活祭の鐘が、もう聞こえている」

コラムはここで終わる。お祈りほど非宗教的な行為はない、なんぞと言われた後で、「さあ友たちよ、祈りに行ってき給え」と肩を叩かれた読者はどうしただろうか。アランにはアランの信仰の流儀があり、それは教会のお祈りなどとは関係がない。祈るとは、一体何を祈るのか。明日、雨が降らないようにと？　神さまは、気まぐれにあちこちに水を撒く庭師ではない。全知全能の神などと人は言うが、もしそういう神さまがいたとしたら、彼は何を望み、何をするだろう。彼は何かを知ろうとすることができない。すでに何でも知っているから。彼は何かを望もうとすることができない。望んだことは、何でもたちどころにかなってしまうから。こんな神さまがいるとしたら、彼は退屈のあまり発狂するか、眠れる森の美女みたいに永遠に眠りこけていることだろう。そんな神さまに、お祈りは届くまい。

これは、冗談ではない。お祈りなるものをする私たちは、多かれ少なかれ神というものをそんなふうに思い描いているものだ。このことは、まず何と言っても私たちの思考力の弱さから来る。全能の神が、何かを望むことすら不可能であるとは、おかしなことではないか。「全能」の定義に矛盾したことではないか。お祈りをする私たちは、それを聞き届けてくれる神さまについて、何か桁外れにすぐれた人間のようなものを考えてみたいのである。考えてみたいから、お祈りもする。神さまは、私たちに似た知性と意思と感情とを持っている。ただそれが桁外れに大きい。無限である。そんなふうに思いたい。

だが、そんなことは子供じみた論理の矛盾である。神は知性でも意思でも感情でもない存在だろう。スピノザは、その存在を「実体」と呼んだ。「実体」には、気まぐれなところなど少しもない。なぜなら、やがて退屈に陥る気まぐれの偶然は、確たる「必然」に劣るからだ。神が何かに劣っているとは、奇妙なことだろう。神は「必然性」をもって運行する唯一の「実体」だと考えるしかない。これがスピノザの、アランの神である。神に何を祈るかではない。祈りを何に捧げるか、それを考えよ。考えることが、祈りになる。あるいは、それを考えることの不可能が、そのまま祈りになる。アランはそう言いたい。すると「祈りに行ってき給え」は、あながち皮肉ではない。

自然という神

私たちが「礼拝」する「この古い世界」は、休むことのない新しさに満ちている。新しい日差しのなかで種子は熟し、地に落ち、芽を出して生育する、あるいは朽ちる。私たちの生も同じことだ。なぜ、この世界は「古い」のだろう。「必然性」をもってこの世界を産み出すものが、つまり「実体」が、永遠を本質とするからである。スピノザはそう考えた。ほかにどう考えようがあるか？　緑の森は、この「実体」の「属性」が持つ「様態」であり、様態は属性を表現し、属性は実体の本質を表現する。木々の茂みや春の蒸気は属性の様態であり、属性はまたこの様態によって表現されている。これが、『エチカ』におけるスピノザの「定理」である。こうした「実体」が神だと言うのは、逆であろう。神をその真の完全性において思惟し尽くせば(不完全な神、というのは意味を成さないだろうから)、こうした「実体」に行き着くよりない、これが彼の考えだった。

スピノザはこういう「実体」を、神を、「能産的自然」と呼んだ。したがって、神の本質を表現する属性の様態は「所産的自然」ということになる。産み出す神によって産み出される自然は、神が持っているもののなかの何ものかである。あるいは、神を表わす何ものかである。他の可能性がどこにあるだろう。緑の森は、神との関係においてその本質の表現となる。緑の森は、神の永遠の本質を表現する。だから、この世界は絶対的に新しく、しかも「古い」のである。こういう議論は、うるさいだろうか。うるさいと言っていれば、人はまたぞろ神さまを、運命を、気まぐれな庭師のように想像するだろう。そうした想像に絶えず復帰してしまう。そうした想像、あるいはそれに流されて生きていく人間の惰性というものに、スピノザは明確に抵抗した。抵抗しなければ、すべての信仰の基礎が、思考の倫理がだめになるから。神さまへの哀訴と愚痴が信仰として大手を振るから。

「在るものを愛する」というアランの考えは、そういうスピノザを継いでいる。真の宗教的感情は「在るものを愛する」ことにある。この信仰は、教義も教会も必要としていない。たとえば春の蒸気が立ち籠《こ》める森のなかで、眼と耳とを開くだけでよい。その時、「能産的自然」の「聖なる火」は私たちのなかにも燃える。これは、呑気でロマンチックな自然礼賛ではない。アラン以上に、そういうものを正当に侮蔑した人はいないのだ。

「聖なる火」とは、もちろん生命のことだが、この生命は個々の生物（所産的自然）のなかを貫き、至るところを流れ、個々の生物のなかで燃え上がる同じただひとつの火である。生物を神の属性の様態のひとつとし、神の本質の「表現」とするものはこの火にほかならない。「在るものを愛する」とは、つまり信仰とは、こうした「表現」に黙って自分の眼と耳とを開くことである。開いていることに耐えることである。耐えられない者が、またあの想像を始める。

病気の時に健康を羨まない心は、長い間の訓練と省察とによって得られるとデカルトは言った。この省察とは、もちろん神についての思惟のことである。自分の病気は、どこかの他人が持っている健康の欠損ではない。気まぐれな神さまが、あっちに撒いた健康がこっちにないこと、それに不服を言ってみる。けれども、病気は病気であり、それ自身には何ひとつ欠けたところはない。スピノザに倣って言えば、自分の病気は神の属性が持つ様態のひとつである。ここには、何ひとつ欠けたところはない。唯一の「実体」である神は、その無限の属性と様態とで、この世界をすみずみまで満たしている。それらの存在を受け容れなくてはならない。

そんな考えを持つことは、なるほどむずかしい。だが、「在るものを愛すること」は、神や信仰をそんな具合に捉えることからしか始まらない。アランはそう言うのだろう。これは西洋流の考え方だろうか。決してそんなことはない。むしろ、私たち日本人には大変理解しやすい普遍的な倫理だと言える。

どんな理性も、この世に存在を与えることはできない。生命を引き起こすものは、すでに在る生命以外にない。遺伝子工学が生命体に加えることのできるほんのわずかなコントロールだけで、人間はもう生命の存在を自由にできる気でいる。そうやって、在るものの前に身を屈める理性を捨てようとしている。生命科学の発展に伴う新しい生命倫理の確立が急がれる、などと今世間では言っているが、果たしてそんな思い付きが役に立つのだろうか。倫理は、変わることのないものを求める心のなかにしかない。そのためには、私たちは「この古い世界を礼拝する」だけでよい。在るものを愛する能力を喪失した理性は、退屈と不平と気晴らしの狂乱のなかで、やがて自滅するであろう。

『スリッパ』

ファン・ホーホ・ストラーテンという画家がいる。この人は、スピノザと同じく十七世紀中頃のオランダで仕事をした。そう考えてみれば、なるほどと思えてくる。彼の『スリッパ』という小さな絵が、ルーヴル美術館の一室にひっそり掛かっている。この展示室はいつ行っても人気がなく、静かなものだが、その絵もまた、無人の部屋を描いている。見ていると、向こうの部屋に入り込んで行くようで、実に飽きることがない。

美術史の専門家なら、当時の空間構成がどうのこうのとやかましいことを言うのだろう。だが、私のような素人には、ああ廊下にスリッパが在るな、と思うだけで充分である。それだけで、この絵はひとつの宗教画たり得ている。聖書も神話もない宗教画ほど、私たちを長く立ち止まらせるものはない。絵には、室内を描く画面の真ん中にドアを開け放った出入り口が大きく見える。出入り口の向こうに廊下を挟んでもうひとつの部屋が見える。奥の部屋のドアも開け放たれていて（ドアの鍵穴に大きな鍵がさしてある）、その部屋の右側からいっぱいに光が差し込んでいる。二つのスリッパは、部屋に挟まれた廊下に無造作に脱ぎ捨てられている。だが、よく見ると、二つのスリッパは画面の縦の中心線を両側からきちんと挟むようにして置かれていることがわかる。この中心線は、二つの出入り口、画面内の二つのフレームのようになった出入り口を縦に等分している。

手前の部屋の左側の壁には、箒が立てかけられている。たぶん、この家は掃除中なのだろう。無人と見えるのは、たまたまかもしれない。画面の外では、掃除中の家政婦なんぞが誰かと馬鹿話でもして大声で笑い合っているのかもしれない。聞こうとすれば、その声は確かにざわざわと響いてくる。鼻唄まじりの女の姿は、今にも画面を陽気に横切って行きそうだ。けれども、それとまったく並行して、この絵にはどんな説明をも拒絶する一種の静寂がある。部屋は、箒や燭台やスリッパは、これまでも、これからも、永久にこの通りのものとしてここに在るように見える。

私たちの日ごろの暮らしには、至るところにこんな二重性がある。たとえば、夏の盛りの海水浴場が、けたたましい喧噪の下方に、どんな叫び声も呑み込む底無しの静寂を浮かび上がらせることがある。二つのものは、まったく同時に知覚される。こんなことはいくらでもある。私たちの生は、どうも避けがたく二重になっているようだ。一方は日々の行動にあわただしく向かい、もう一方は〈在るもの〉に向かって突如眼と耳とを開く。二つのことをするのは、この同じ生である。

私たちは、生きて効率よく振る舞い、あらゆるものを自分の生活上の都合に合わせて知覚している。ここでは、自分が主人であり、より強力な主人であるための工夫は何でも取り入れる。そうやって、私たちの科学はここまで来た。だが、私たちの眼と耳とは、同時にいつでもそれとは反対の方向に自分を開く可能性を持っているのだろう。真夏の海水浴場でふと聞こえるあの静寂は、実は静寂ではない。静寂を聞くとは、おかしなことではないか。聞こえているのは、宇宙の声である。私たちのすべての行動と無関係であり、しかも私たちのすべてを含んで流れている〈在るもの〉の声である。

そんな声を、私たちはしばしば聞き、聞いたとたんに捨てていく。行動の邪魔になるものを何でも捨てていくのは、生き物の常だ。けれども、一体どうしたわけか、そういうものを懸命に拾い集める人間たちがいる。拾い集めることをみずから職務とする人間たちが大昔からいる。彼らは、今日では芸術家と呼ばれているが、そんな呼び名はどうでもよい。バッハを聞いて宇宙の声だと感じる人は、真夏の海水浴場であの静寂を聞いた人かもしれない。そこが大事なのだ。最も根底的な芸術は、常に倫理的なものである。なぜなら、そこには〈在るもの〉の前に身を屈める最も熟慮された、厳格なやり方があるから。

〈静物〉というもの

ファン・ホーホ・ストラーテンの『スリッパ』は、その意味では大変倫理的な絵だと言っていい。寓話も説教もないこの絵は、生活のざわめきと宇宙の声とを同時に響かせる小さなオルガン曲に似ている。そういうものが示す倫理は、むろん社会があれこれと教えることのできる道徳とは違う。では人は、これをどこから学びうるのだろう。学校の先生に連れられてガヤガヤ歩く美術館見物からでないことは、どうも確かである。そもそも、普段から黙って物を見る経験のない子供を、美術館に引っ張って行っていきなり絵を見ろとは、無茶な要求だ。子供だけではない。たとえば、黙って五分でも同じ絵を見ること、これがどんなに難しいかを多くの人が知らない。ルーヴルで『スリッパ』を五分も見ている人はまずいない。そんなに見なくてもわかってしまう、そこがまずいのである。

この絵の縦の中心軸を挟む二つのスリッパは、家政婦が脱ぎ捨てていったものか、質素でこの上なくありふれた姿をしている。その姿には、脱ぎ捨てた家政婦の仕草が乗り移っているようであり、画面の外からは彼女の笑い声が聞こえてくるようでもある。だが、私たちの眼と耳とは、そのスリッパのなかに別の何かを見る、その部屋の拡がりのなかに別の何かを聞く。スリッパは家政婦が脱いで、そこに在る。彼女の行動は、それがそこに在ることの原因であって、またそうではない。なぜなら、原因ということを言いだせば、彼女をしてスリッパをそこに置かしめた他の原因があることになるから。こうして、原因は限りなく溯られ、宇宙が在ることとそれ自体にまで行き着いてしまう。脱ぎ捨てられたスリッパが、宇宙が〈在る〉ことの表現となりうるのは、そのためである。

スピノザの同時代者だったファン・ホーホ・ストラーテンは、そのことを熟知していなかっただろうか。むろん、この場合宇宙とは、唯一の「実体」たる神を指す。

西洋絵画に静物画の領域が確立したのは、十七世紀のオランダにおいてだが、『スリッパ』という無人の室内画は、むしろ絵画のなかに〈静物〉という存在が出現する瞬間を表わしているように思われる。静物とは、人の手が置き去った物である。木から落ちて畑に転がっている果実は風景の一部だが、人の手がテーブルの上に置いていった林檎は静物になる。だから、静物は室内の描写からたまたま派生してきたのである。室内で描かれる肖像画の背景には、人の手が置いていったいろいろな物がある。肖像のモデルがそこから立ち去っても、物は残るだろう。画家は、この物の一種特別な在り方を発見した。

静物は人が置くものだが、置いた人が画面に居残っているようでは静物画ではない、描かれた物も静物ではない。静物は、私たちの生活のざわめきと結びついていて、しかも同時にそこを果てしなく離れていく。風景でも人物でもない物の領域が、私たちの生活にはある。そこでは、物は私たちの生の二重性に言わばぴったりと貼りついてきて、日常のなかに口を開いた宇宙への暗い穴のありかを教えてくれる。

「在るものを愛する」態度は、生きた自然にだけ向けられるのではない。「死んだ自然（la nature morte)」、つまり静物にも向けられなくてはならない。ここで静物が死んでいるとは、生き終えたことではない、むしろ生きていることといつも並行して、その下を流れていることである。私たちの生のなかには、どんな時でもそういう死が含まれており、静物と呼ばれる物体は、その領域にひょっこりと姿を現わす。姿を現わして、宇宙が〈在る〉ことそれ自体の表現となる。画家がつまらぬ水差しひとつを繰り返し描いて倦むことがないのは、それを知っているからである。この時、彼のなかにあるのは、美学的判断などではない、在るものの前に身を屈める倫理である。

『東京物語』

ファン・ホーホ・ストラーテンの『スリッパ』は、静物画ではないが、そこで無造作に脱ぎ捨てられている履物は、静物が生まれかかる地点を示している。この絵を見た人で、小津安二郎の『東京物語』を思い出す人は多いだろう。笠智衆と東山千栄子とが演じる老夫婦が、熱海の旅館に泊まっている。浴衣がけの旅客でごった返した夜更けの宿のなかは、マージャンの喧噪で眠ることもできない。その時、老夫婦の部屋の前にきちんと脱ぎ揃えられた二人分のスリッパが、廊下の暗がりのなかでクローズ・アップで捉えられる。このショットは、まさに映画による静物画になっている。

このショットが、『スリッパ』と違うのは、まず何より二人分のスリッパが、間違いなく手で揃えて置かれているように見えることである。ファン・ホーホ・ストラーテンは、無造作に脱ぎ捨てられたスリッパを慎重に画面の中心軸の両側に据えた。小津の四つのスリッパは、画面の中心軸を正確に踏むようにして丁寧に手で置かれている。このショットに続いて、スリッパを置いた老夫婦が室内の布団にきちんと並んで横たわっているショットが繋げられる。まるで彼ら自身がスリッパのようであり、実際、映画はそう言っているように見える。スリッパを置いた彼らを、ここに並べて置いている何かが在る、と。

スリッパをそのように置いたのは彼らだが、彼らもまたそんなふうに置かれて在るスリッパであり、そうやってこの世のすべては、どうすることもならず、ただひとつの宇宙(実体)のなかに在る。いや、在るものは、結局はこの宇宙だけであろう。これは、まったくスピノザ風な考え方だが、小津の映画が精密に示しているところでもある。ふたつのショットは、町の流しが唄う『湯の町エレジー』とマージャンの喧噪とに包まれている。老夫婦は、毒々しくも活気に満ちたこの馬鹿騒ぎが耐え難い。しかし、旅客たちは、スリッパの、〈在るもの〉の静寂が耐え難いだろう。耐え難いから彼らは騒ぐ。私たちの生は、いつもこんな二重性で成っている。

小津の映画を形式美のお遊びのように言うのは、愚かなことである。むしろ彼の映画は、倫理への欲求に満ちていると言ったほうがよい。ただし、この倫理は、行動よりは観想に向かう。生活することよりは、〈在るもの〉に向かう。そこに、人は欺かれてしまう。何か審美的態度に過ぎないものを見てしまう。だが、行動や生活や政治のなかに探し回る倫理よりも、もっとはるかに根本的な倫理がある。宇宙に置かれる生の態度とでも言えるものがある。それは、〈在るもの〉への黙した信仰と常にひとつになったものだ。

この信仰について何か言うことは、最も難しい。私たちは、これを持っているか、いないかであり、これについて考えたりはしない。考えることが、言わば一番ふさわしくない対象だから。しかし、この信仰をすっかり失えば、私たちのあらゆる倫理は、つまるところその場限りの行動の便宜に、政治の言い訳に堕するだろう。小津の映画は、それを言っている。

「忙しい」と言うな

『東京物語』のなかで、老夫婦の子供たちがみな口を揃えて言うセリフは、「いま忙しいんだけどナア」である。忙しいから、尾道から上京してきた両親に東京を見せてやることもできない。老夫婦は、子供たちの家をたらい回しにされ、熱海に追いやられる。旅館の喧噪に耐えかねて東京の娘の家に戻ると、美容院を経営しているこの娘は、同業者の集会が今夜ここであるから居られては困ると言う。老夫婦の子供たちは、少しも悪い人間ではない。観客は、ただもう自分にそっくりな人間をそこに見るだろう。

都会で人並みの生活を送っていくことは、まったく忙しい。ここで倫理的であるとは、まずはこの忙しさに抵抗することなのである。私たちは、そのことになかなか気付かない。忙しいから、人のことどころではないと言う。倫理的たろうとするのは、暇な奴だけに可能な贅沢だと思う。原節子が演じる紀子は、暇な人間では全然ない。彼女は、老夫婦の戦死した次男の嫁であるが、義父母に対して、この上なくやさしく接する。忙しい会社を休んで、義父母を東京見物に連れていく。一部屋だけの自分のアパートで彼らを心からもてなし、乏しい収入から義母に小遣いまであげる。たいそう恥ずかしそうに。この慎ましい物語のなかで、紀子の振る舞いは譬えようもなく偉大に、崇高に見える。

私たちは、彼女を真似できないだろう。けれども、彼女を真似たいという欲求が私たちに実際に起こらなかったら、『東京物語』はつまらない映画である。絵空事の善人が登場する馬鹿げたテレビドラマは、私たちに何ら模倣への欲求を掻き立てない。ではなぜ、私たちは紀子を真似たくなるのだろう。紀子のような人間は、ある意味では現実に存在しない。けれども、彼女は少なくとも誠実な生活を求めて生きるあらゆる人間のなかにいる。日々忙しがって生きている老夫婦の子供たちが、まさに私たち自身の姿であるように、紀子もまたよく生きようとする私たちの心の奥にすでに棲んでいる人間だと言える。

よく生きるとは、どうすることか。私たちはそれをうまく言えない。が、すでにそれを知っていなければ、誰もよく生きようとは思わないのだ。私たちは生活のために忙しく、慌ただしく、あくせくと生きる。いろいろなことに不平を言い、自分を他人と見比べて不運を呪う。紀子もまた忙しく暮らしているが、彼女は決して自分が忙しいとは言わない。あんたも忙しかろうにと、義母から言われると、微笑して静かに否定する。彼女は忙しさに抵抗して生きるが故に、義父母を東京見物に連れていくことができる。しかし、この抵抗は、宇宙を動かす「必然性」への抵抗ではない。逆である。彼女こそ、アランが言っていたあの「必然性」が何であるかを知っている。それに眼を開き、ただもうご覧の通りと微笑している。

「忙しい」と言うことは、所詮身勝手な愚痴に過ぎない。紀子にとって、義父母がいること、彼らが上京して来ることは、自然の「必然性」の領域に属する。だからこそ、紀子は義父母を愛するのである。「在るものを愛すること」が、彼女にはできる。日々の暮らしのなかで、よく生きるとは何よりもこれだということを『東京物語』は教えている。それは、つべこべと説教することによってではない。この映画のキャメラ自身が、「在るものを愛する」独特のやり方を持つことによってである。たとえば、スリッパのショットはそこから生まれる。並んだスリッパのように横たわる老夫婦のショットが生まれる。紀子は、この映画のキャメラが彼らを愛するやり方で、彼らを愛することのできるただひとりの人間にほかならない。

だから、紀子の偉大さは、『東京物語』の偉大さとぴったりと一致して切り離すことができない。小津は、そういう希有の人物を、希有の映画と共に創造した。

お忙しいですか、ときかれて、いいえ少しも、といつも微笑して応えられる人間でいることは素晴らしい。やってみればわかるが、これは簡単なことではない。こういう人間だけが、生活のざわめきの真下で、在るものを愛しているのである。

何のために生きるのか？

自分は何のために生きているのか、と問う動物は人間しかいない。人間の知性だけが死の観念を持ち、ひとりずつ死んでいく自分と他人とをはっきり区別する。誰も私の死を死んでくれる者はおらず、私は他の誰の死を死んでやることもできない。そういうことを、人間という動物は考えずにいられない。考えることで、そういう死が生まれ、刻々と育っていく。他の動物たちは、それを考えないのではなく、そういう死を生のなかに持っていないのである。その意味では、彼らは死なないとさえ言える。彼らは命を終える時、ただ身体の閉鎖回路を自然に向かって解くだけなのだろう。文字どおり、彼らは土に還っていく。

それに較べれば、人間の死は、死そのものの成就のように実現される。早い死も、遅い死も、唐突な死も、緩慢な死も同じことだ。生きる目的、という考え方は、私たちにはどうにもならないこうした死の成就と別に成り立つことができない。私たち個々の生が目的を遂げることは、死が自分を成就させることと同じである。人は、そのことに、つまり目的を目指す自分の全努力が死に向かっている、ということに気付きたがらない。生きる目的は、自分の望むとおり、まったく勝手に設定できるものと思っている。だから、子供たちにももっと人生に目的を持てと教えたりする。

だが、実際にはそんなことはない。ある人間が、金持ちになることを生きる目的にしたとしよう。金持ちになれば、その人間は生きる理由を見失う、なれずに終われば一層見失うことになるだろう。もっとましな目的を考えてみてもいい。人が勝手に考えつく目的は、いずれみなそうしたものである。あるいは、挫折してもいいじゃないか、目的を持ち続けることが大切だ、などと言う人たちがいる。ロマンだ何だと、いい加減なことを言う人たちである。確かに、酒に酔うのが勝手なように、人が人生の目的について何を思い付こうが、思い付く人の勝手には違いない。

しかし、生きる目的は、ほんとうは私たちにはどうにもならない死の成就と切り離すことができない。私たちのなかで育っていく死によって、少しずつ遂げられていくような生の目的がある。したがって、私たちにはその双方が、はっきりとは見定めがたい。見定めがたいということが、人間の理性がこの世に生きるということの意味である。生の目的は、私たちを産んだ自然（スピノザの言う「能産的自然」）だけが知っている。この自然は、それ自体が〈ひとつの生〉であり、運動であり、力だとも言える。それは、無数の種を産み、個体を産む。産んでは消滅させ、消滅させてはまた産む。それは何のためか。何のためか、と問うことのできる人間を、自然が産んだのは、また何のためか。

要するに、私たちの生の目的は、自然という〈ひとつの生〉が創り出す目的と同じ方向を向いている。私たちの理性は、この目的が何なのかを問うことはできる。が、明確な答えを引き出すことはできない。「在るものを愛すること」だけが、ついにその答えになる。答えて、その目的に応じる行為となる。それなら、この答えがうまく出るような生への問い方を、私たちは絶えず工夫しているほうがよい。それが、他のどの動物でもない、人間として生きるということではないのか。この工夫に優る倫理の技術は、おそらくないだろう。この技術を教える以上の倫理の教育は、おそらくあり得ないだろう。

私の偏愛するあのトンカツ屋のおやじは、生きる目的などについてはまるで考えていない。だが、日々よく生きようとはしている。よく生きるとは、決して忙しがらず、よいトンカツを揚げることであり、あかの他人の客に喜んでもらうことである。毎日白木のカウンターを磨き上げながら、彼はりっぱに自分の死を育てているとも言える。生への問い方を工夫しているとも言える。それ以上の何が人間にわかろう。彼もまた、在るものを愛しているのである。

あとがき

この種のテーマで本を書く予定は、私には少しもなかったけれど、講談社の上田哲之氏と雑談しているうちに書く羽目になった。そう言うと、いかにもいやいや引き受けたように聞こえるが、決してそうではない。実は、私は前からこういう本が書きたかったのである。仕事に取りかかってから、そのことに次第に気が付いてきた。

言語について、知覚や記憶や時間の作用について、その他ずいぶんいろいろと、頼まれもしない考えごとをして、それを書いてきたが、こういうことはみな何のためだったか。私はそれにうまく答えられないけれど、そのことで〈よく生きよう〉と願っていたことだけは確かである。この願いは、なぜ私のなかにあるのか、その問いに答えなくてはならない時が、いつかは来る。物を書き続けていれば、必ず来るだろう。それなら、さっさと問いに答えてみようと思った。むろん、これに明答することは、どんな問題に答えるよりも難しい。この本で、どれくらい前に進めたか、しかとはわからない。

以上は、私の勝手な事情だが、この本は、当然他の人たちにも何かの参考になるだろう。ならなければ、意味がない。とりわけ、よく生きる、ということが、いつも、どうあっても心に戻ってくる問いであるような人には、読んでもらいたい。私たちが向き合っている昨今の社会状況は、こういう人の胸をいやでも騒がせているだろう。この状況をどう打ち破るか、というような偉そうな議論はたくさんである。大事なのは、それでもよく生きようとする願いを、試みを、捨てないことではないか。そう考える人には、この本は一人のよい話し相手になると思っている。それくらいのことは、書いたと思っている。

上田氏には、筆を進める間も何かと助言をもらい、大いに力づけられた。そのことに、改めて御礼を申し上げる。さて、例のトンカツ屋のおやじであるが、この人は実在している。どこにいるかを言えば、迷惑がるから言わないが、今日も東京でトンカツを揚げているはずである。

二〇〇一年二月

前田英樹

講談社現代新書　1544

倫理《りんり》という力《ちから》

二〇〇一年三月二〇日第一刷発行　二〇一四年九月一六日第一〇刷発行

著者――前田英樹《まえだひでき》　©Hideki Maeda 2001

発行者――鈴木　哲　発行所――株式会社講談社

東京都文京区音羽二丁目一二―二一　郵便番号一一二―八〇〇一

電話（出版部）〇三―五三九五―三五二一　（販売部）〇三―五三九五―五八一七　（業務部）〇三―五三九五―三六一五

カバー・表紙デザイン――中島英樹

印刷所――凸版印刷株式会社　製本所――株式会社大進堂

（定価はカバーに表示してあります）Printed in Japan

R〈日本複製権センター委託出版物〉本書の無断複写（コピー）は著作権法上での例外を除き、禁じられています。複写を希望される場合は、日本複製権センター（03-3401-2382）にご連絡ください。

落丁本・乱丁本は購入書店名を明記のうえ、小社業務部あてにお送りください。送料小社負担にてお取り替えいたします。なお、この本についてのお問い合わせは、現代新書出版部あてにお願いいたします。

N.D.C.150　188p　18cm

ISBN4-06-149544-5

「講談社現代新書」の刊行にあたって

教養は万人が身をもって養い創造すべきものであって、一部の専門家の占有物として、ただ一方的に人々の手もとに配布され伝達されうるものではありません。

しかし、不幸にしてわが国の現状では、教養の重要な養いとなるべき書物は、ほとんど講壇からの天下りや単なる解説に終始し、知識技術を真剣に希求する青少年・学生・一般民衆の根本的な疑問や興味は、けっして十分に答えられ、解きほぐされ、手引きされることがありません。万人の内奥から発した真正の教養への芽ばえが、こうして放置され、むなしく滅びさる運命にゆだねられているのです。

このことは、中・高校だけで教育をおわる人々の成長をはばんでいるだけでなく、大学に進んだり、インテリと目されたりする人々の精神力の健康さえもむしばみ、わが国の文化の実質をまことに脆弱なものにしています。単なる博識以上の根強い思索力・判断力、および確かな技術にささえられた教養を必要とする日本の将来にとって、これは真剣に憂慮されなければならない事態であるといわなければなりません。

わたしたちの「講談社現代新書」は、この事態の克服を意図して計画されたものです。これによってわたしたちは、講壇からの天下りでもなく、単なる解説書でもない、もっぱら万人の魂に生ずる初発的かつ根本的な問題をとらえ、掘り起こし、手引きし、しかも最新の知識への展望を万人に確立させる書物を、新しく世の中に送り出したいと念願しています。

わたしたちは、創業以来民衆を対象とする啓蒙の仕事に専心してきた講談社にとって、これこそもっともふさわしい課題であり、伝統ある出版社としての義務でもあると考えているのです。

一九六四年四月　野間省一

哲学・思想I

日本語・日本文化

105 タテ社会の人間関係 中根千枝
293 日本人の意識構造――会田雄次
444 出雲神話――松前健
1193 漢字の字源――阿辻哲次
1200 外国語としての日本語――佐々木瑞枝
1239 武士道とエロス――氏家幹人
1262 「世間」とは何か――阿部謹也
1432 江戸の性風俗――氏家幹人
1448 日本人のしつけは衰退したか――広田照幸
1738 大人のための文章教室 清水義範
1943 なぜ日本人は学ばなくなったのか――齋藤孝
2006 「空気」と「世間」――鴻上尚史
2007 落語論――堀井憲一郎
2013 日本語という外国語 荒川洋平
2033 新編 日本語誤用・慣用小辞典 国広哲弥
2034 性的なことば――井上章一 斎藤光 澁谷知美 三橋順子 編
2067 日本料理の贅沢――神田裕行
2088 温泉をよむ――日本温泉文化研究会
2092 新書 沖縄読本――下川裕治 仲村清司 著・編
2126 日本を滅ぼす〈世間の良識〉――森巣博
2127 ラーメンと愛国――速水健朗
2133 つながる読書術――日垣隆
2137 マンガの遺伝子――斎藤宣彦
2173 日本人のための日本語文法入門――原沢伊都夫
2200 漢字雑談――高島俊男

『本』年間購読のご案内
小社発行の読書人の雑誌『本』の年間購読をお受けしています。

お申し込み方法
小社の業務委託先〈ブックサービス株式会社〉がお申し込みを受け付けます。
①電話　フリーコール　0120-29-9625
年末年始を除き年中無休　受付時間9:00～18:00
②インターネット　講談社ＢＯＯＫ倶楽部　http://hon.kodansha.co.jp/

年間購読料のお支払い方法
年間(12冊)購読料は1000円(配送料込み・前払い)です。お支払い方法は①～③の中からお選びください。
①払込票(記入された金額をコンビニもしくは郵便局でお支払いください)
②クレジットカード　③コンビニ決済